Spiritual Culture
青心文化

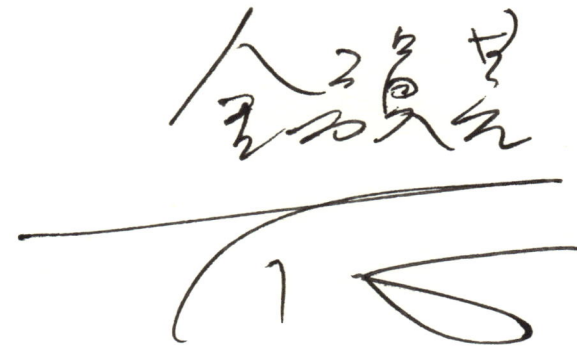

在阅读中疗愈·在疗愈中成长

READING & HEALING & GROWING

扫码关注公众号，后台回复《我家孩子青春期》，
即可获得专业音频讲解，实现高效精读!

我家孩子青春期

家长的焦虑，比孩子的叛逆更可怕

金韵蓉 著

中国青年出版社

自　序

我的高中毕业照，可以用"惨不忍睹"这四个字来贴切地形容。在那张如今看起来有点"恐怖"的照片中，从小就自来卷而蓬松得乱七八糟的头发，被我用水硬是给贴顺了在头皮上，从脸颊两侧硬生生地盖住了那被我憎恨的方下巴、大脸盘；我使劲儿地抿着嘴，试图把过厚的嘴唇给美化得薄一些；我用力地对着镜头睁大眼睛，但却遮不住那一脸的怒气和茫然。

我的高中生涯，很惨，很苍白，很挫败，也很无奈；它差一点阻断了我的梦想，也差一点改变了我的人生。所以，当我有了儿子之后，我暗暗发誓：绝对不让他重蹈我的覆辙。因为我知道，在一个年轻的身体里，居住着一颗不快乐的心灵，是多么辛苦的事。

因此，开始写这本书的时候，我告诉自己，在这本书里,不会有华丽的辞藻和事不关己的专家论调。它必须有温度、有关怀、有可行的建议,也必须有来自感同身受的深刻理解。因为,它,来自生命成熟过程中,经过火焰淬炼而出的智慧。

在写这部书的时候,我一直试着用非常柔软的心去感受,并且用很柔软的笔触去表达。因为在和那么多焦虑的父母亲接触的过程中,我深深明白,他们所需要的,不是专家指手画脚的教导,而是过来人以温暖的双手往前牵引的力量。所以,我谨记这个分寸,在字里行间,谦卑地提供我的专业建议。

最后,我谨以这本书作为美好的媒介,祝福普天下所有为孩子牺牲奉献的父母亲,以及青春灿烂的孩子们!

目 录

自序 / 001

第一章　理解，是一切的关键所在 / 001
　　一、理解孩子的独特人格 / 003
　　二、理解孩子的成长变化 / 009
　　三、理解孩子的性发育 / 013
　　四、父母要管控好自己 / 021

第二章　青少年教养的基本原则 / 027
　　一、学会放手 / 027
　　二、理解、接纳孩子 / 053

第三章　如何与青春期孩子沟通 / 110
　　一、理解"不想说话"的孩子 /111
　　二、与青春期孩子沟通的原则 /118

第四章　我的未来不是梦 / 141
　　一、我苦闷、痛苦的高中生活 /141
　　二、帮助孩子平稳度过人生的关键期 /151

第五章　如何聪明地面对孩子的早恋 / 172
　　一、青春期的孩子为什么会早恋 /173
　　二、聪明地处理孩子的早恋 /180
　　三、对孩子进行性教育时的几个提醒 /194

第六章　把孩子带回现实世界
　　　　——青少年网瘾问题的思考与应对 / 202
第七章　帮青春期孩子跨过焦虑抑郁的"险难" / 223

尾声 / 247

第一章
理解，是一切的关键所在

过去几年间，我一直在帮几个头疼的父母带着他们"不听话"的青少年长大。这些让父母操碎心的青少年中，有一个是智商超高、能远程侵入老师电脑以获取期末考试试题的电脑奇才；有一个是很有自己的想法、喜欢以另类装扮示人、看不上任何"俗人"的愤世少女；有一个是中考表现失常，没有进入第一志愿的重点高中，从此觉得人生黯淡无光、把自己关闭起来的忧郁小生；还有一位是因事业成功的父母离异而屡屡逃学、执意到服装店当售货员以作为报复的任性女孩。

这几个接受我辅导的孩子有一个共同特色，那就是他们小时候个个都是天资聪颖、活泼可爱、讨人喜欢的小天使，可是一进入青春期，这些原本让父母骄傲、欢心而且至今学校老师的评语都还是"聪明，但不努力学习"的小天使们，却渐渐变成不愿意和父母沟通、学业成绩低落、让他们伤透脑筋的问题青少年。而他们的父母也具有一个共同的特色：他们都是明白事理、受过良好教育、爱孩子、愿意尽一切努力来帮助孩子，并因此而惶惑甚至挫折不已的好父母。

那么，问题出在哪里？

父母师长要理解青春期的孩子。

根据所有青少年问题研究专家的结论，问题就出在青少年是身心都处于特别状态的"异类"。对于这个异类，需要父母用迥异于之前对待"小宝宝"的态度去对待他们。

说真的，在写作这本书的过程中，我一直提醒自己：一定不要写成一本充斥着教义教条或先知口吻的教科书，这会让那些已经在"水深火热"之中的父母们看了本书之后更觉得无望和羞愧。不，这绝对不是我写这本书的初衷。我的初衷，是希望能够帮助家有青少年的父母们（我和我先生也曾经是其中的一员啊！），通过对青少年身心本质的理解，不仅能找到提供孩子健康快乐成长的方法，也能找到让自己疲惫、受挫的情绪有个喘口气的心理空间。

作为青少年的父母，我们该理解些什么呢？

一、理解孩子的独特人格

每一个孩子都具有与生俱来的人格独特性。这个独特性，决定了他的能量形式、思维方式和行为方式。另外，请父母们一定记得，这个独特性，不是他自愿拥有或故意拥有的，而是与生俱来的。

美国斯坦福大学、哈佛大学等国际著名大学商学院 MBA 的教学课程中，有一个备受学员们推崇的热门课程——"九型人格"管理学。这个课程的目的，旨在帮助这些即将成为高级职业经理人的精英们，了解并辨识企业旗下员工们所具备的不同人格特质，并借此达到知人善任或制约、操纵的目的。近十几年来，这门学科已风行欧美经营管理学术界及工商界，全球 500 强企业的管理层几乎都上过这门课，并以此培训员工，建立团队，提高执行力。

九型人格（Enneagram），又名性格型态学或九种性格学，是由美国两位医生——亚力山大·托马斯医生和史黛拉·切斯医生，在他们1977年出版的《气质和发展》（*Temperament and Development*）一书里首先提出的。他们认为，我们可以在出生后只有2个月或3个月大的婴儿身上，辨认出九种与生俱来的不同气质，它们包括：活跃程度、规律性、主动性、适应性、感兴趣的范围、反应的强度、心理的素质、分心程度、专注力范围和持久性。

无独有偶，在我所研究的芳香疗法领域，也有一个把与生俱来的人格特质对比植物的九个部位，而分为九大类型的"芳香基因学"系统。例如，属于种子类的人格特质，就像小小的种子一样，具有无穷的生命能量和创造力，但也喜欢随风飞扬不受拘束；属于根茎类的人格特质，则像深埋在土壤里的根茎，安安静静地获取养分，不张扬也不喜欢移动。

不管是管理学上的九型人格，还是芳香基因学里的人格特质，这些分类其实都只有一个核心的目的，那就是告诉我们：人生而不同，每个人都具有独特的个性，并成为独特的自己。而且，这些与生俱来的人格特质，决定了他的能量表现形式，决定了他是个安静、能坐得住的人，或是个好动、无法好好坐着的人。这是我们为人父母所需要完全理解的第一件事，也是最基本和最重要的一件事。

1. 理解影响孩子学习态度的因素

我们必须理解，不管孩子是能够坐下来好好读书，或是不能够坐下来好好读书，和以下几件事情是无关的：

首先，和他听不听话无关。不是说他能坐下来就是好孩子，不能坐下来就不是好孩子。

其次，和他聪不聪明无关。不是说能够坐下来读书的孩子就聪明，不能坐下来读书的孩子就不聪明。

最后，和他是不是故意反抗我们无关。因为严格来说，这些是他自己所控制不住的，他只能付出更多的努力去学习原本并不属于他人格特质之内的东西。

如果父母能够理解这些，我们在管教孩子的时候，方式和态度就会不一样。因为我们往往会发现，在面对青少年的时候，我们的管教常常是深陷这样的一个循环当中——因为我们不理解，所以我们生气，我们误以为孩子的某些行为是故意的，是有意不去做好，是没有付出努力的，所以我们就会有愤怒的情绪出现。而当我们愤怒情绪出现的时候，孩子接收到了这个讯号，出于自我防卫和委屈，于是开始有反弹、反抗的情绪和行为表现，而这就更激怒父母，亲子之间的互动沟通自此也就进入一个负向的循环之中。

2. 对孩子的要求要客观、适度

让人更担心的是，如果孩子试着努力按老师家长的要求去做，但父母和师长的要求太高，高到他再努力也达不到这个标准时，他就很有可能因挫折而放弃自己。例如，他是个与生俱来富有想象力和创造力的艺术家，拥有很敏锐、很高品质的右脑思维能力，可是对于需要用左脑逻辑性思维去理解的数理化科学科目，却很难通过学习就能得心应手。对于自己总是得低分、学习不好的结果，他自己很沮丧、很难过，而逐渐和同学拉开的分数距离，以及越来越落下的学习进度，也让他挫败、慌乱不已。他很害怕，可是越害怕，就越读不懂书里的内容；越挨骂，就越不想再碰那个科目；越失败，就越失去对那个科目的兴趣和能力。于是，最后，他就放弃了。

我为什么能把这种心理描写得这么清楚？

因为这就是我高中学习生涯的真实写照。我曾经是初中全学年毕业班第一名的尖子生，可是进入全是尖子生的市重点高中以后，却发现自己有些跟不上高中物理、化学、数学这些需要理解的科学科目。一开始，我很认真努力地学习，可是真的不能完全明白老师在黑板上写的那些密密麻麻的函数、微积分，那些东西似乎和我的距离越来越遥远，是我需要花很多时间才能赶上一点一点的知识。每次发这些科目的成绩单时，我都很自卑，痛苦羞愧到恨不得能找个地方把自己藏起来。后来，慢慢地，我发现失去学习动机的我，已经完全跟不上老师的进度了，于是就放弃了继续学习这些科目的努力。

考大学时，我以极度偏科的成绩，错过了好大学的录取，虽然考上了一本，但却不是我心目中自己应该进入的好学校。日后，我花了好多年、好多年的时间，才把曾经因高考失利而已完全失去的自信心和自尊心寻找回来。

我的儿子上中学以后，我牢牢地汲取了自己高中生涯惨痛的教训。我站在一旁，耐心和细心地观察儿子的学习取向和能力，当发现他和我一样拥有很敏捷的才思和很优秀的语言逻辑表达能力，也和我一样在理化这些科学科目上较为薄弱时，我没有盯着他的科学成绩责怪他，我允许他在科学科目上维持中等的成绩，不要求他选读男孩"应该"要读的理工科或很有发展的金融。他很自由地选择了可以发挥地很好并从中获得成就感的科目，最后以优异的成绩进入了很好的大学。

我不怕丢人地述说了自己求学时失败的例子，无非是真挚地希望我的例子能说明一个重要的事实，那就是我在前面一再强调的：每一个孩子都有与生俱来的特质，如果我们在一开始就能理解并尊重这个不同，知道他不是有意捣乱，知道他需要我们在一旁协助、支持和等待，我们的态度就会柔软很多。而且，这个柔软不仅是对孩子好，对我们自己更好，因为当我们知道这些事实之后，我们就不会有这么多的自责，不会觉得自己这么失败，并且在释然之后不会有这么大的挫败感。而我们的情绪一旦稳定了，和孩子之间的互动沟通也就走向一个正向的循环了。

因此，请记得，我们不能拿自己的孩子和别的孩子去比较，也不能用一把僵硬的尺子去丈量他，更不能用一条毫无弹性的绳索去拴住他，同时也拴住了我们自己。

二、理解孩子的成长变化

我们家长经常会说，为什么我原来那个曾经乖巧可爱的孩子长大以后变得那么难管教、不听话？

原因是，进入青春期之后，他的身体改变了，变成了"一个还不成熟的脑袋，安在一个已经快要成熟的身体上面的'怪物'"！

还记得我读大学时，一位教我们"青少年心理学"的教授所说的话。他说："你们记住，什么是青少年？青少年就是'一个还不成熟的脑袋，安在一个已经快要成熟的身体上面的怪物'。所以你们能指望这个怪物什么？无非是让他安安静静地度过这个时期就好了！"

是的，这个怪物在生理方面已经趋于成熟，一般来说，青春期女孩的成熟度平均要比男孩早两年，有些小女孩的青春期可能在小学五年级左右就开始出现，只要一有月经初潮，女孩的青春期就开始了。（我再描述一个足以让宝贝女儿的爸妈休克的画面。所谓月经来潮，就是指女孩的子宫和卵巢已经开始工作，可以受孕做妈妈了！所以能够理解什么叫"小孩的脑袋安在大人的身体上"的意思了吗？！）

1. 骨骼成长是青春期的第一个生理变化

女孩大概在 9 岁至 12 岁是成长的高峰，男孩则是在 11 岁到 13 岁成长得最快。如果这个时候能保证他们有足够的营养摄入，让生活和情绪没有太大的压力，孩子就会长到他应该长成的高度。

2. 身体的组织结构是青春期的第二个生理变化

"青少女"的身体脂肪组织在 9 岁到 12 岁，大约会从 15.7% 增加到 26.7%，这些脂肪平均分布在髋部、胸部、上背部以及手臂。"青少男"的身体脂肪组织则由 4.3% 增加到 11.2%，这个平均值会保持稳定一直到成年。

除了脂肪组织增长外，青春期男孩所分泌的肌氨酸酐大概是女孩的两倍，所以男孩的肌肉组织通常比女孩发达，也因此，男孩的力量在 12 岁到 17 岁会比原来增长两倍左右。但他们自己并不知道。所以，有一天他可能和同学在一起扭打玩闹，他还是用小时候的力气使劲推搡同学，可是没想到一推就把同学推得老远，这个同学很生气，也反推回去，于是原本只是小孩之间的推挤打闹，就成为并没有意识到这点的老师或父母眼中的打架的暴力行为了。实际上，他并不是有暴力行为倾向，而是根本不知道自己已经有这么大的力气。但可惜的是，很多时候我们误解他了，以为这个孩子变坏了！

3. 男孩子的变化会更多

还有一些常见的现象是，男孩 12 岁之前或还没有进入青春期时，父母管教他时，他可能只是默默地挨罚被管教，但是等他进入青春期之后，父母会很愕然地发现，当爸爸再吼他时，他居然敢吼回去，或躲闪爸爸拳头的速度比爸爸出拳还快。更有甚者，他有可能因为紧张害怕控制不住自己身上肌氨酸酐的分泌，用力回推了一下爸爸，而这个反抗动作让爸爸感受到了儿子对自己的攻击性，因而恼羞成怒，从而更激化了争执的事端。

除了脂肪组织和肌肉组织的增加外，青春期孩子的心肺发育也有了巨大的变化。青春期男孩的血压值会迅速上升（所以他们容易血气方刚、好勇斗狠），女孩则是在升高到一定的数值之后就维持定值（所以她们性格温柔、不善打斗）。男孩除了血压值迅速上升外，他们的血液量、血红素还有红血球的容积也都会稳定而持续地增加；女孩则不同，女孩一旦增加到定值后，就不会再增加了。除此之外，男孩的肺活量也明显地比儿童时期增加很多。

读到这里，我们是不是已经发现，男孩的生理问题要比女孩更多？他们的一些行为表现也更可以被理解了呢？

平均来说，女孩在 13 岁左右，男孩在 15 岁左右，会经历青春期生理变化最高峰的震惊,他们早上起床之后,简直不知道该如何去面对自己身体内突如其来的变化。如果这个时候父母亲没有准备好去观察、解释或改变和孩子之间互动的模式,就会让孩子的震惊和激荡更明显。此外,比较让人遗憾的是,如果父母没有感知到这些必然发生的变化,错过了最能去引导他的时期,他的问题可能就根深蒂固地留存在那个地方,而日后的很多矛盾也就从这个地方开始。

三、理解孩子的性发育

我们最耳熟能详的也是至关重要的——孩子生殖系统的成熟和激素的分泌变化。但是,我们真的理解了吗?

1. 生殖系统发育成熟

女孩的胸部开始发育的年龄大概是 8 岁至 13 岁,初经来潮的正常年龄范围是 10 岁到 16 岁半之间。女孩生殖系统的成熟,平均值大概需要 4 年,但是在 1 年半到8年都算是正常的范围。男孩的睾丸则是在9岁半到13岁半的时候开始增大，有阴毛增生、阴茎增长的成熟现象。一般来说，男孩成熟时间大概需要3年。不过，生理的成熟速度和我们所处的气候有关，例如，北方女孩，因为天气比较冷，所以成熟得比较慢，初经来潮的时间比较晚；南方气候热，女孩成熟的速度会比较快，大约在小学高年级时就已经有月经了。

对于男孩来说，由于生殖系统的逐渐发育和成熟，大概有80%左右的男孩会有晨间勃起和梦遗这些让他感到既新鲜又尴尬害怕的经历。这些现象很多时候会让男孩的父母，尤其是母亲，更感到焦虑，以为自己的儿子是不是对性有比较多的好奇和想法，或担心儿子不学好，总是把心思用在一些乱七八糟的事上，而不是用在读书上。

事实上，这是他自己控制不了的，甚至梦遗也是他控制不了的。当年我在医院工作，为青少年做心理治疗的时候，就有几个性格内向、循规蹈矩的大男孩，因为梦遗不敢让父母知道，自己又不知道是怎么一回事和该怎么处理，于是就在脑门上贴个标签，觉得自己很肮脏、很羞耻、很变态，最后在课业压力的双重打击下，发展成为频频洗手、漱口的强迫心理症，结果不得不中断学业，开始接受精神科的药物治疗。

那么实际的情况是什么呢？

男孩进入青春期之后，随着体内雄性激素水平的提高，"性"意识会无可避免地开始觉醒，任何有关"性"内容的视觉、听觉、嗅觉、触觉，以及思维、想象，都会成为刺激阴茎的因素，让它因充血而勃起，这个在医学上称为"精神性勃起"。另外，局部的直接刺激，例如走路时被内裤摩擦、趴着睡觉、因直肠膀胱饱满而受到刺激所引起的勃起，则叫作"反射性勃起"。对于青春期男孩来说，这两种勃起都是非常正常的生理现象，是一个男孩性发育成熟的必经之路。

那么遗精或梦遗呢？梦遗是指男性在睡眠中有射精的现象，是男孩性发育成熟的象征，也是个正常的生理现象。一般梦遗会在13岁至15岁初次发生，由于现在儿童营养比以前好，很多小学男生就已经开始有梦遗的现象。男孩从青春期开始，每天都由睾丸生产数以亿计的新精子，以及由贮精囊、前列腺等分泌的精液，等它们储存到够多的时候，有时会被身体自行吸收，有时会从尿道排出。

由于一个人在睡觉时意志力比较松懈，如果穿的内裤太紧、被子太重，或翻身时刺激了阴茎，就很有可能导致射精。由于每天体内所生产的精子都有固定的量和排泄周期，所以只要不是过于频繁的梦遗，是绝对不会损害健康的。当然不是每个男孩都会梦遗，而且梦遗和绮梦也没有必然的关系。

不少男孩由于没有得到充足正确的性知识，加上梦遗有时伴随着与性有关的绮丽意象，会让这些心智还没完全成熟的男孩感到惊慌失措，产生羞于启齿的强烈罪恶感。因此父母在细心观察儿子的生理及心理变化之后，一定要淡然处之，除了不能讥讽责骂外，还要尽量地转移注意力，不要让孩子或自己去过分地关注这件事，因为有时候我们刻意去禁止一件事，反而会促使它更加频繁地发生。

2. 激素分泌发生变化

除了生殖器官的成熟外，激素分泌的变化，也是一个让青少年和父母们猝不及防的因素。

青春期之前，孩子们的成长和所有的行为，主要是受到生长激素和甲状腺素的分泌所控制。生长激素决定了他身体的高矮胖瘦，很单纯，也很直白。可是进入青春期之后，青少年的生长却改变成为由性腺所分泌的性激素来控制。男孩由睾丸所制造的男性激素在 10 岁到 17 岁，会增加 10 倍至 20 倍；女孩从 7 岁开始，体内的动情激素分泌增加，一直到月经来潮、生育机能成熟以后，动情激素才会停留、维持在一个高原值的水平上。

性腺的分泌，决定了女孩的胸部有多大、臀部有多圆润、月经状况等，同时也让她在看到喜欢的男生时，有怦然心动的感觉；性腺的分泌，决定了男孩的胸肌是否厚实、阴茎的长度是否令人自豪、精液的健康状况等，同时也让他在看到喜欢的女生时，生理器官发生微妙的变化。

而这影响第二性征发育的性激素，不仅仅让青少年意识到了身体上的变化，同时也带给了他们心理上的冲击。一方面，因为性激素的分泌让青少年对性产生冲动和憧憬,可是另外一方面,看到并感受到自己身体的变化,却又是另一种混合了奇妙、尴尬和恐惧的经验。

就像我在和许多年轻的妈妈座谈时,常常会被问到一个问题:我那才两三岁的儿子,为什么会一面抱着奶瓶喝奶,一面用手玩自己的"小鸡鸡"?他将来会不会有性心理方面的问题呢?

我每次都会笑着宽慰这些既焦虑又害羞的妈妈们。我会说,当小男孩有一天不经意地碰到自己的"小鸡鸡"时,他发现,嗯!这种感觉好舒服呀!于是他就会继续去触碰它。可是,重要的是,小男孩并不知道这是不被允许的,是不雅观的,他只是觉得很有趣、很舒服,于是就继续去做,就像其他小孩一面喝奶,一面抱着玩具小熊或小毛巾或摸着妈妈的耳垂一样简单。

而我所建议的改善方法,就是轻描淡写地转移他的注意力,只要不动声色地在他玩"小鸡鸡"的手里塞入一个他最喜欢的毛绒玩具或最喜欢的小毛巾,或妈妈温柔地握着他的小手,让另一种安全舒服的经验取代原来的经验,那么这个他并不自知,可是却不被允许的习惯就会慢慢地被转移并最终消失。

可是如果我们采取的是另一种激进的方法，每当他玩"小鸡鸡"时，我们就厉声阻止，或大惊小怪地把他的手拉开，或板着脸迭声说羞羞、羞羞，孩子这种感受安全舒适的行为被阻断之后，可能会产生几种后续的结果：一是他觉得更好奇、更好玩，于是就更想去摸它；二是舒适和安全感被不明原因地中断后，他开始变得情绪焦躁，哭闹不休；三是他觉得妈妈不喜欢自己，觉得害怕，于是有可能让已经学会的自理行为往后退，例如尿湿裤子。

已经长成半大不小的青春期男孩也是一样。洗澡时，也许是不经意地碰到了阴茎，他觉得有一种新奇而舒服的感觉，所以想再碰一下，可是他又理智地告诉自己，这个行为是很肮脏的，是不可以的，于是，我前面所说的那种对自己的身体所产生的既奇妙，又尴尬，又恐惧的情绪就会出现。

可是，我所担心或希望父母们放在心上的是，青少年除了延续了幼童时期强烈的好奇心外，现在，他们又具有了实践的能力。幼童只是好奇，但不知道该怎么去做，也不敢去做，但是青少年此时已经发展出具有行动的能力，所以只要是在他们行为能力范围之内的活动，他们都想去试试看，看看那会是什么滋味，而且特别是那些大人常做，但又不允许青少年做的事，例如喝酒、抽烟以及性。

他们想，这些既然是你们常做的事，就表示不是错事，也不会对人生造成什么大不了的伤害，为什么我就不能去试试看？如果不让我做，你们自己为什么要做？如果你们都做了，凭什么我就不能做？这些都是他们最常为自己想尝试的事情所找到的理由。所以，当我们在规范孩子的行为时，除了身教外，也必须给孩子一个可以信服的说法和理由。

总之，由于生殖系统的成熟和性激素的推波助澜，男孩女孩们都会在这段时间开始对异性产生好奇、对身体的变化感到困惑、对性的感觉像洪水一般涌出。但是年轻的他们，一方面具备了成熟的生理条件和实践的能力，可另一方面，心理情绪还没有真正成熟到懂得如何去处理或疏浚这不受控制、喷涌而出的感受。因此，他们需要一个能以开放的心胸，去理解、去解释说明并接受这个事实的长辈，以帮助他们稳稳当当地度过这困惑矛盾的时期。

四、父母要管控好自己

家里出现个难管教的青少年时，真的只是孩子的问题吗？我们会不会也是其中一个"不好控管"的因素呢？

1. 进入变动期的家长

从年龄的定义来看，青少年指的是12岁到18岁的孩子。从目前大多数的婚育年龄来看，一个12岁到18岁的青少年，他的父亲正好处于现今总是被渲染得沸沸扬扬的、很时髦的、充满着焦虑张力的一个新词汇——"中年危机"的四五十岁当中；而他的母亲则正在雌激素分泌水平猛烈震荡的前更年期或更年期之中，正辛苦地经历身心和情绪的不稳定。

试想，一家三口，都处于或温和或剧烈的身心变化阶段中，就好像构成等边三角形的三个点之中，每一个点都存在着发生剧烈摇晃的可能性。而且，只要有一个点确实发生了摇晃，另外两个原本就根基薄弱的点的稳定性就受到了威胁，被触发爆炸崩塌的概率也会大大增加。

所以，很多时候我们会听见青少年的父母很挫败地说：这个孩子怎么会变成这个样子呢？他小时候很乖、很听话呀，怎么长大之后就像变了一个人似的。或者是，这孩子原本什么话都会跟我说，从学校回来以后总是黏着我、围着我转，可是现在问他什么他都是敷衍几句，而且现在翅膀硬了，动不动就冲着我喊，惹我生气！

其实，很多时候我们都只是抱怨孩子长大了、变了，但却忘了自己也许已经不再完全是从前那个年轻、乐观、敢于梦想、精力饱满、情绪平和的自己。也许我们自己也受到更年期激素分泌变化的影响，脾气变得暴躁、不耐烦和容易被小事激怒；或者因为与日俱增的生活压力和体力不济的原因，而越来越没法平静下来。我们可能因为年龄的关系变得越来越唠叨；或者因为对自己的前途失望，而把更多的期望放在孩子身上……我们也许没有意识到,自己的改变可能比孩子的改变还要多,还要大,而这可怜的、半大不小的孩子,其实也正在忍受"爸妈怎么变成这个样子"的情绪压力和挫折!

我在一次巡回讲座中,就遇到了真实发生的例子。

他是个高中二年级的男孩,被妈妈拉来听我的讲座。(光是这点,我就觉得他已经是个好孩子了。现在有多少大男孩、大女孩会听从妈妈的话去听一场那么无聊的讲座啊!)他坐在面向我右手边第一排的座位中间,很专心地听我讲了一个半小时有关如何管教孩子的演讲。当我的讲座结束,开始进入问答互动的环节时,他的妈妈一马当先举手站了起来,用了大约两三分钟的时间,在全场起码有300人以上的大庭广众之下,絮絮叨叨地描述自己的儿子是如何不好好学习和喜欢玩电脑。

我一面听着那位妈妈慷慨激昂地陈述,一面偷偷地拿眼睛瞄着她的儿子,一面还全身吓得直冒冷汗。我很害怕那个几近崩溃的儿子会站起来拿块砖头砸向他的母亲。(如果他真这么做了,我也真的可以理解!)当我终于婉转地制止了那位几乎歇斯底里的妈妈的陈述之后,真的很想立刻冲下台去,抱着那个饱受羞辱的孩子,好好地安慰他。

会后散场时,我留意那妈妈满带着爱意地和男孩一起走出会场。她频频探身问孩子需不需要喝水,还轻轻地拍打他外衣肩上落下的一些毛屑。她全心全意地爱着自己的孩子,只是不知道自己在表达这些爱意的同时,已经给孩子带来了多大的伤害。

我相信,不是每一个正经历更年期的母亲,都会像这位妈妈一样无法控制自己的情绪,但我们仍然很有可能因为一件本来不需要大发脾气的事和孩子闹得不愉快,或抓住一件事就唠叨个没完。我向来以为自己是个很优秀、很懂得青少年心理的母亲,后来在一次和儿子的聊天中,我才知道他觉得我有时候"蛮啰唆"的!

正处于"中年危机"的父亲,对孩子有时也有一些消极的影响。我曾经和一位青少女的父亲有过一次长谈。在整个谈话的过程中,他不止一次地说:"太累了,我放弃了!我不想管了!交给她妈妈管吧!反正她也不听我的!"这位工作繁忙、在职场上承受很大压力的父亲,眼袋浮肿,眼尾的皱纹清晰可见。我知道他很疲倦,睡眠质量很差,对孩子既失望又生气,他很受挫折，完全不知道应该怎么继续下去，于是选择冷漠地走开。

选择走开的爸爸可能不知道，他的冷漠的背影正"落实"了孩子的想法——"反正你们根本就不在乎我！"或"好吧！反正我也准备放弃我自己，不管我更好，这样大家都省事！"

2. 父母要觉察、检视自己的问题

我不想在这里危言耸听，或事不关己地忽略做父母的疲倦和感受。我只是想实事求是地从解决事情的角度来说，因为我们比孩子成熟有经验，比他更坚强勇敢，比他拥有更多可应用的资源，而且，核心、关键是，我们是他的父母，所以我们必须在解决问题上承担更多的责任，这是我们的义务，也是孩子可以向我们要求的权利。所以，我们得学会觉察自己的情绪，在把挑剔的眼光投向孩子身上之前，也同时检视一下自己身上存在的问题。

还好，在绵长的一生中，青春期、更年期或是中年危机，只是一个并不算长的阶段，内分泌水平也并非总是处在风雨飘摇的震荡之中，只要我们理解孩子和我们都正在一个不太平静、风浪有些大的海面上行船，彼此对对方在风浪中行进的辛苦有足够的认知和感同身受，那么，通过了这段不稳定的海域之后，前方绝对就是风平浪静的美好景象了！

第二章
青少年教养的基本大原则

在前面一章，我们已经理解了青少年在生理、心理两方面发展的独特性，在这个章节中，我们就来看看为了应对这个独特性，我们有没有比较好的或者是比较能够被青少年接受的教养方式。

一、学会放手

首先，我们来想象一个画面——一艘中等型号的船，由一位刚学会独自驾船的新手掌着舵，在风浪有些大的海面上摇摇晃晃地往前行。那位刚学会驾船的新手，一面勉力地掌着对他来说体积有些大、有些沉重的船舵；一面忙着观察风象和海象；一面还要专注地辨识指北针，以便找到在雾茫茫的海面上，可以安全靠岸的前方港口。

这时，有两艘分别由两位已独自在气候变化多端的海面上驾船多年、很有航海经验智慧的老手所驾驶的大船，在这艘中型船只的两旁巡弋护航。如果，这两艘大船的船长只是待在自己的船上，留意这中型船只的动向，并且在必要的时候，为它重新定位、调校一下有些偏离航道的舵盘；或在中型船只的船长感觉孤单无助的时候，把船体向他靠拢，陪他说一会儿话，给他打打气；或在中型船只的船长不知道该怎么穿越风浪骤起的海面的时候，教他一两招航海老躺长的诀窍……

为了训练、尊重并且信任中型船只船长的能力，这两位有航海智慧的船长，不会跳上中型船只的驾驶舱，接手替他掌舵驾船；也不会在中型船只已经在风雨中飘摇的时候，再在一旁猛力地摇着他的船。他们明白，对于中型船只的船长来说，他只要知道有两艘大船一直巡弋在侧，而那两位航海老手也一直在一旁默默关注着，必要时，随时准备出手护航，这就足够了。因为对这个航海新手来说，他需要拥有自己的驾船经验，也需要相信自己具备独自驾船的能力，更重要的是，只有他自己知道，自己内心深处最想去的港口在哪里。

因此，让我们再回头来看看，拥有丰富经验和人生智慧的老船长，如何掌握与这个确实在风云飘摇中驾驶着中型船只的新手船长之间的互动方式。

作为家长，不要跳上孩子的"船"去帮他掌舵驾驶，也不要动不动为了一些无关紧要的事，去"摇妞的船"。

当然，我相信家长们应该已经猜到，接下来我首先要说的是：放手。

我不止一次在讲座的问答互动时间里被问到这样的问题："金老师，我怎么样才能训练孩子的独立性呢？我家的孩子太依赖我们了，特别没有自信，什么事都要我们操心！"面对这种问题，我都会蛮"狠"地回答："因为你们不想让他独立，喜欢为他操心，所以他当然就依赖你们，不独立咯！"听我说完这狠话之后，问问题的父母一定是带着一副满脸错愕和有些沮丧的表情，等着我进一步的解释。

1. 明确规矩、底线

我自己也是个很爱孩子的母亲，所以我知道这种既想放手又不想放手的复杂情绪。我们虽然嘴里总是说"这孩子什么事都要我操心，我不在身边，他就什么事都做不了"，可是在我们潜意识里，却很享受这种被需要的感觉。我们喜欢帮孩子做事；喜欢因孩子围在身边而散发出来的温暖母性；喜欢他们回家推门时，大喊着"妈妈，我回来了"的美好时光。所以我们总是情不自禁地操着心，即使在不需要的时候，也总是操着心，因为这样才能让我们拥有做母亲的那种很棒的感觉。

很多人知道，我是在儿子10岁的时候，就把他一个人送到英国念寄宿学校，因此总有人问我们，这样的安排有没有什么优缺点。我曾经问过儿子这个问题，从他的回答中，以及从他现在的工作表现中，我知道这个安排对儿子的事业前程和生活技能来说，是很好的，除了开始一两年会想家和寂寞外，其余的部分几乎都是有帮助的。

可是，这个安排对我和孩子爸爸来说，却是要付出很大和很艰难的代价的。我们常彼此安慰取暖地说，我们所付出的代价，就是儿子在很年轻的时候，就已经不再那么需要我们。很多时候，对于他的一些决定，例如，读哪个大学、念哪个科系、去哪里打工、到哪里实习，我们已不再被征询，而只是被告知。这是种很奇妙的感觉，我们一方面为他的独立自主和工作成就，感到骄傲和高兴；可另一方面，也为我们的失落，感到一丝丝的难过。

这就是我一直说的存在于父母灵魂中的那种错综复杂的矛盾情绪，而就是这种矛盾的情绪，让我们手中拴住孩子的丝线，一直无法松脱下来。我们往往美其名曰在不辞辛劳地保护我们的孩子，其实，我们是在满足自己内心深处那种需要被孩子需要的微弱声音。我们对于紧紧抓住那被孩子需要的舒适圈的渴望，可能比孩子实际需要我们的还要强烈。

所以，我为我自己设计规划的做法是：设定一个底线，在这个底线之上，我们放手让孩子可以为自己掌舵，自由地做一些决定，但对于已经设定好、明示了不可被冲撞或跨越的底线，我们就要很坚定地去执行它。而且一旦他出现了明知不可却又故意试探的越线行为，我们就可以采取一些决断的措施去阻止他或处罚他。

我在《爱在左，管教在右》一书里曾经提到过，我们把儿子送到英国去之前所签订的合约和里面所规定的底线。现在，我想更仔细地描述一下当时的细节，以作为我这个说法的参考。虽然这个例子并不尽适用于每一个独立的亲子关系，但已经足可以清楚地说明我的"底线理论"。

第一步。在准备送他去英国念书之前，我带他去了趟英国，花了几天的时间，实地参观了三所朋友推荐、我们自己也考察过的、条件适当的学校。参观完这三所学校之后，我们给了儿子一整个星期的时间，让他好好地想想，然后再自己做决定究竟想申请哪个学校，并参加哪个学校的入学考试。

第二步。当他选定了学校（也就是后来他念了GCSE 和 A Level、一共7年中学的学校），我们就协助他开始准备进入这个学校的各项能力，其中包括充实英语能力、以英语接受入学考试的能力，以及在暑假时拜访了几个正在英国念书的差不多年龄的孩子，听听他们的经验和意见，以便为他将来赴英国念书做一些心理准备。

一年后，他如愿通过了所选学校的考试，并即将在6个月之后离开父母，只身远赴他乡求学。我还记得，接到学校录取通知书的那天，当时儿子正在浴室洗澡，听见他爸爸在浴室门外喊着告诉他这个好消息时，他顾不得湿淋淋的、赤裸着的身体，立刻兴奋地冲出浴室看他的入学成绩报告。但是，也就是从那天开始，每天晚上睡觉时，他自动自发地躺在我们的大床上，占据着爸爸的位置，挨着我睡觉，而他爸爸就只好在他儿子房间的单人床上，独自睡了6个多月。

第三步。从我们接到学校录取通知书之后，我和他爸爸就很清楚地告诉他，虽然我们花了很多时间和精力为入学做准备，也已经交了入学保证金，但只要他现在说不想去，这些我们都可以放弃。那年初夏，在距离他去英国还有一个多月的时间时，我们再次开了一次家庭会议，我们对他重申了这件事，告诉他现在反悔还来得及。

儿子说：我考虑好了，我不后悔，我还是想去。

我们说：好。我们支持你去，而且学校一年六次的寒暑假和期中假，每次你都可以回家来或我们去英国看你。但是，如果你一旦去了，不管有多苦、有多难，你都不可以反悔再回来念书。你能遵守这个约定吗？我们再给你一个月的时间去考虑，记住，一旦去了，不管有多苦、有多难，都不可以再回来念书。

一个月后，儿子给了我们他的答案，他要去，也很清楚地知道，去了，就不能反悔说要回来！

第四步。我们在送儿子去英国念书，并在那儿陪了他两个星期的旅途中，又签订了一个很重要的合约，合约上说，有三件事绝对不允许他做。第一，他不能接触毒品；第二，他不能加入帮派；第三，18岁之前不能有性行为。至于要不要好好读书，要不要抽烟喝酒，他必须自己做决定。因为这是他的人生，是他自己的前途，我们在那么远的地方，既看不见，也干涉不了，所以必须由他自己明白，并做出决定。儿子答应了，我们也遵守合约的内容去做了。

每个星期六和他通电话时，我们在电话里只会问他：开心吗？吃的好吗？衣服够暖和吗？同学友善吗？有什么新鲜好玩的事吗？……我们不问：有没有好好学习？上课专不专心？老师说的听得懂吗？送你到英国不容易，不要光顾着玩……我们双方都坚持着履行了合约的精神，而他的高中生涯也在完全没有让我们担心的情况下结束，并进入了一所好大学。

在这期间，其实还有一段插曲。在每个星期六的电话中，年仅10岁的儿子总是用：很好啊！很开心啊！吃得饱啊！如此这一类的回答来安慰我们。一直到第二年暑假回来，他已经是学校全学年成绩第一名的时候，他才告诉了我们一个"天大的秘密"——第一年上学时，睡在他下铺的是一个个子比他高大、强壮很多的同学，由于儿子是那所学校里唯一的一个亚洲学生，英语又不是完全听得懂，所以自然就成了那个同学欺凌的对象。

那个睡在下铺的顽皮同学，不仅在晚上睡觉时，把上铺的床板当鼓板用脚来踢，让儿子无法安稳地睡觉，每天进餐厅吃饭时，还推挤儿子不让他进门吃饭，所以有好几天他都是饿着肚子。

当儿子告诉我们这些事情时,我心疼得眼泪哗哗直流,他爸爸也难过得不得了。我们问他,为什么在电话里不早告诉我们呢?如果我们知道这些事,不仅仅他的监护人,也就是我的老师,可以立刻去学校处理,我们也可以打电话到学校去请老师解决呀!

没想到我们那个才11岁多、戴着宽边眼镜、身材还圆圆胖胖的儿子,面对着他难过得不得了的父母,像个小大人一样,很成熟地说:你们在那么远的地方,这些事情说给你们听只会让你们担心难过。而且,这种事情必须要自己来解决。

我仍然心如刀割、泪眼婆婆地问他:那你是怎么处理的呢?处理好了吗?

儿子很得意地说,他自己去校长室找到了校长,用结结巴巴的英语,外加比手画脚,向校长说明了情况。校长除了告诫了那个顽皮的学生外,每天吃饭时,还牵着儿子的手领他第一个进餐厅吃饭。儿子继续说,除了这个外,我想,只要我成绩好,考第一名,还会踢球,同学们就会巴结我,想和我做朋友,这样那个同学就不敢再欺负我了!于是,他果然在第二年得到了全学年第一名,并且进了学校的足球校队。

我相信,很多父母读完这一段文字后,会吓得说不出话来,他们可能会想:啊?!如果不盯着孩子学习,督促他努力用功,那他不就正好可以没人管,像脱缰野马一样只顾着玩不读书了?而且,你们做家长的多狠心哪,把孩子一个人丢在这么远的地方,让他在外面被人欺负?!

2.给予孩子足够的信任

对于监管读书学习这件事,如果我告诉你,有多少孩子在接听父母的电话或当着父母的面时,虚应故事地说自己会好好地念书,等父母一转身,他就该干嘛干嘛去了。事实上,对已经是半大不小的青少年来说,你说什么和他做什么,并不完全相关。所以,与其让我们之间的沟通变成"言之者谆谆,听之者邈邈"的话,倒不如学会信任他们,并且让我们所说的每一句话,都成为可以让孩子听得进去的温暖或智慧之言。

至于让孩子学会遭遇困难时保护自己、为自己挺身而出，我想是天下父母们最希望看见，但也是最艰难学习的功课。对于这一点，我和先生十分幸运，并为此一直感谢上苍。

说到信任，我想这也是青少年和父母之间的一个大问题。

包括我自己在内，我们出于关心而产生的焦虑和担心孩子的未来，总是会不由自主地把事情往坏处想。从小学甚至幼儿园时期开始，只要孩子参加学校的郊游，我们就在家控制不住地想象着一些可能会发生的可怕情况，直到孩子安全地回家，才放下一颗悬着的心；上了初中，孩子从学校回来，只要表情有一些些的疲倦或不高兴，我们马上就问，是不是挨老师骂了或考试没考好；如果上中学的孩子关了房门，独自一个人留在房间里太久，我们就疑神疑鬼地担心他是不是在偷偷地上网，或和同学没完没了地打手机聊天。面对孩子，我们好像总是先假设一些负面的状况，然后再让孩子证明我们是错误的。

我知道自己也有这个问题，是在一次和儿子的交谈中。我的侄子是从事摄影和平面设计的艺术工作者，在伦敦的艺术界和时尚界工作。出于对艺术家放荡不羁的刻板印象，我们都很担心一直很老实乖巧的侄子，会在工作中被朋友影响而沾染上一些坏习惯。因此每次儿子从英国回北京后，只要谈及他的表哥，我的第一句问话，总是："他没有沾染上什么坏习惯，例如毒品吧？！"

头几次，儿子会很有耐心地回答让我放心，可是有一次他又被问及这个问题时，却很严肃甚至带着些愠怒的口吻对我说："你知不知道你们这样非常不公平，每次都先假设表哥会学坏或做错事，你们为什么不问问他最近有哪些很棒的作品或去了哪些有趣的地方？为什么都要先假设一些负面的事情？为什么不能信任我们也有足够的判断能力？"

他的这一番生气的诘问，对我这个一直自诩为青少年教育专家的人，无异于当头棒喝。我看见了自己错误的思维方向，看见了自己不能放松地享受孩子成长的快乐，却用消极的担心来否定他们的成熟，并因此制造了不必要的摩擦和矛盾。当时我除了立刻向儿子道歉并承认自己确实存在着信任的问题外，从那天开始，我就很谨慎地留意自己不要再对年轻人犯同样的错误。我知道要改变这个爱操心、深恐他们不懂得照顾自己、总往坏处想的习惯是个很困难的过程,但我也很清楚地知道,除了改变自己,别无他法。

3. 要智慧地引领

让我们再来看看那两位拥有生命智慧的航海老手的故事。

他们除了不跳上中型船只的驾驶舱、喧宾夺主地替新手驾船,以及不怀疑新手的掌舵能力外,他们也深谙和新手的相处之道,那就是他们不会在船只经过有风浪的海域的时候,还添乱地在一旁摇晃那已然不太平稳的船身。

"不要因无关紧要的事而添乱和摇船",是我常和青少年父母所说的,也是我时常告诫自己的话。我常听见青少年愤怒地喊着说:"我妈真的快要把我逼疯了,她连我上学时带个耳环都要管!""我牛仔裤穿得低一点又怎么样?!今天我妈死活不让我出门,就因为她觉得我的裤子穿在胯上面而不是腰上!""你相不相信我爸把我的那个包给扔了!他说上面画得乱七八糟,像个不良少年!""我爸妈真的是太夸张了,一点屁事都能被他们说得那么严重,我真是无语,懒得再和他们说话了!""说什么?有什么好说的,说了他们也不听,就算听了也听不懂,算了!"……

这些喊叫,我们听了是不是很耳熟?好像每个有青少年的家庭的客厅里都多少会传出这样的声音。没错,这些被专家们描述为"代沟"的争执,看似无可避免,其实深究起来,有好些时候是完全可以通过理性的思考而避免掉的。

例如,有位家长的13岁女儿,每天上学时书包里都放着一只唇油,在家看书的时候也时不时地拿出唇油在嘴唇上涂两下。做妈妈的和女儿为了这只唇油闹过好几次,妈妈认为,你为什么把心思放在这些现在还不需要考虑的臭美上?女儿认为,涂唇油和念不念书有什么关系?我们班上的女同学都这么保养自己的嘴唇,我为什么就不可以?!

另一位家长的14岁女儿每个星期六晚上在浴室里至少待上一个小时。经过仔细观察,妈妈发现女儿洗完澡后在浴室里刮腿毛。妈妈大为光火,对女儿嚷着说:

马上就要中考了,有这些工夫你不会学习去,净干这些没用的事。再说了,现在刮什么腿毛,你又不是明星,又不是要约会去。女儿心里想:我才懒得理你,那些时尚杂志上都说女孩腿上有腿毛是很粗鲁、很不性感的。

一个17岁、下巴上已经长着胡茬的大男孩喜欢一面听音乐、一面看书。每次妈妈进房间看他挂着耳机,都会不由分说、怒气冲冲地上前一把就把耳机从耳朵上扯下来,并且还迭声骂着说:你到底是在听音乐还是在学习,你这样怎么专心念书?怪不得成绩越来越差!儿子压着满腔的怒火,决定待会儿妈妈离开房间后,把声音开得更大一些。

还有位家有女儿初长成的母亲,一心希望女儿将来有个坚挺丰满的胸部。因此在女儿刚刚发育出乳房的形状时,就带着女儿去买胸罩,还逼着她每天穿着去上学。女儿的同班同学中,有好些连月经初潮都还没有开始,更遑论穿着胸罩来上学。女儿为了这个"很丢脸的事",除了每天早上出门前都得和妈妈闹上一回外,到了学校之后,还得先躲到厕所里把胸罩脱掉,然后才敢进教室上课。

读完了上面这四个例子之后,你有没有想和这几位妈妈说些什么?从一个旁观者心平气和或事不关己的角度来看,你可能会和这几位妈妈说:"哎呀,别那么紧张,这些都不是什么大不了的事,不需要为了这些无关紧要、不影响全局的事和孩子闹得不愉快。"可是,有趣的是,当我们一旦身为当事人,或处在事已关己的局内时,我们就很难控制自己的情绪,很难不为这些旁人看来是无关紧要的小事纠结,和孩子大动肝火,"拼命摇船"。

当然,我们可以理解,这个矛盾的转变是因为我们太爱自己的孩子,太担心他们不能有好的未来,所以我们每天都紧绷着神经,把"侦测雷达"开到最宽最大的强度,随时备战,只要看见任何足以影响孩子前途的蛛丝马迹,就立刻跳起来去消灭它。

同样是作为母亲的我,当然不能在这里云淡风轻地劝告你们说"放松吧,没关系的,孩子长大了,有自己的想法了,再说,儿孙自有儿孙福啊"等这一类无关痛痒的话,但我们如果搬出"两害相权取其轻"的评估模式,按照这个模式把"管"和"不管"的优缺点以及所得到的效果都一一列举出来，我保证，我们一定会得出一个结论，那就是：有些事，确实是属于需要坚持的底线，一定要坚定地去执行它；而有些事，管了也没用，因为孩子根本不听，再说，这些事既不伤筋动骨，也真的没有什么大不了的，那就让它不再成为我们和孩子之间既没有必要又总是引起争执的导火索。

表1：

最常和孩子发生不愉快的事：女儿每个星期六，花一个小时在浴室里刮腿毛		
如果我心平气和、很客观公正地说，这件事，实际的负面影响有多大？	负面的影响	评分 1~10
	1. 浪费时间	
	2. 分心	
	3. 学习退步	
	4. 5. 6……	
如果我继续像现在这样管她，会带来什么好的效果？	好的效果	评分 1~10
	1. 节省时间	
	2. 专心读书	
	3. 成绩进步	
	4. 5. 6……	

续表

如果我继续像现在这样管她，会产生什么坏的结果？	坏的结果	评分 1~10
	1. 母女感情受到影响	
	2. 孩子开始躲着我做事	
	3. 浪费更多的时间在争执上	
	4、5、6……	

扪心自问，我在这件让亲子纠结的事上，该负的责任有多少？	我的责任	评分 1~10
	观念上的	
	情绪上的	
	处理态度上的	
	处理技巧上的	

如果这事不是发生在我的儿子/女儿身上，而是发生在朋友或亲戚的孩子身上，我会给他/她的父母什么建议？

面对这个问题，有没有什么其他的解决方法？

1. 例如，这个周末下午和她一起去逛街，选购好用又安全的脱毛产品，还有去完腿毛后的保湿乳液。晚上回到家之后，和她一起躲在浴室里去腿毛、保养小腿。做个很酷的时髦老妈。如果很正确、很确实地除掉小腿的腿毛，女儿就可以不需要每个星期六花一个小时鬼鬼祟祟、外加心情恶劣地躲在浴室里除腿毛，而是每个月只需要 1~2 次，每次都和妈妈一起开心地享受这母女贴心的、创造美丽的过程。

2. ……

表2：

最常和孩子发生不愉快的事：儿子念书时，总是戴着耳机听音乐		
如果我心平气和、很客观公正地说，这件事，实际的负面影响有多大？	负面的影响	评分 1~10
	1. 不能专心学习	
	2. 影响学习成绩	
	3. 变得越来越贪玩	
	4. 5. 6……	
如果我继续像现在这样管他，会带来什么好的效果？	好的效果	评分 1~10
	1. 专心读书	
	2. 学业成绩进步	
	3.	
	4. 5. 6……	
如果我继续像现在这样管他，会产生什么坏的结果？	坏的结果	评分 1~10
	1. 母子感情受到影响	
	2. 我的脾气变得越来越坏	
	3. 浪费太多的时间在争执上	
	4. 5. 6……	
扪心自问，我在这件让亲子纠结的事上，该负的责任有多少？	我的责任	评分 1~10
	观念上的	
	情绪上的	
	处理态度上的	
	处理技巧上的	

续表

如果这事不是发生在我的儿子/女儿身上，而是发生在朋友或亲戚的孩子身上，我会给他/她的父母什么建议？

面对这个问题，有没有什么其他的解决方法？
1. 尊重他的学习方法，相信每个人专注时，所需要的情境都是不一样的。不要先假设他听音乐就一定不专心，给他一点时间，让他用下一次考试的结果来证明自己。 2. 或者做个游戏。让他戴着耳机，一面听音乐，一面读一段报纸或杂志内比较需要用脑思考的文章。时间到了，请他摘下耳机，清楚讲述文章的内容是什么。你们再依此结果签订一个读书时能不能戴耳机听音乐的君子协定。记住，愿赌服输，双方都要遵守协定。

表3：

最常和孩子发生不愉快的事：女儿每天晚上抱着手机和同学聊天，一聊就是一两个小时		
如果我心平气和、很客观公正地说，这件事，实际的负面影响有多大？	负面的影响	评分 1~10
	1. 浪费时间	
	2. 影响学习	
	3. 手机话费越来越惊人	
	4. 5. 6. ……	

续表

	好的效果	评分 1~10
如果我继续像现在这样管他，会带来什么好的效果？	1. 节省时间，用在学习上	
	2. 学业成绩进步	
	3. 学会节制、节约	
	4. 5. 6……	
	坏的结果	评分 1~10
如果我继续像现在这样管他，会产生什么坏的结果？	1. 母女感情受到影响	
	2. 我越来越生她的气，对她感到失望	
	3. 浪费太多的时间在争执上	
	4. 5. 6……	
	我的责任	评分 1~10
扪心自问，我在这件让亲子纠结的事上，该负的责任有多少？	观念上的	
	情绪上的	
	处理态度上的	
	处理技巧上的	
如果这事不是发生在我的儿子/女儿身上，而是发生在朋友或亲戚的孩子身上，我会给他/她的父母什么建议？		
面对这个问题，有没有什么其他的解决方法？		

续表

1. 首先，每天花太多时间在和同学用手机聊天上，确实是个需要被节制的行为。因为一方面，它的确影响学习的时间和专注力；另一方面，长时间让手机贴着耳朵，手机的辐射对大脑不好；同时，孩子的生活节奏会变得懒散。 所以，我们可以采取几个步骤来做： → 给她一个话费的合理限额，超出了限额，家长绝不帮忙，没有手机，活该！ → 每天晚上，让她负责一件家务或其他工作，占据她的时间。她的零用钱以工作的结果来核算，没有做好，就没有零用钱。不用担心她没有时间学习，反正多的时间她都用来打电话了。 → 允许她用合理的时间和同学通电话。孩子需要借由和同辈团体的社交，来增加自己的团体归属感。这一点我们必须要理解并支持她。 2. ……

表4：

最常和孩子发生不愉快的事：每天早上不起床，弄得常常不吃早饭就出门		
如果我心平气和、很客观公正地说，这件事，实际的负面影响有多大？	负面的影响	评分 1~10
	1. 身体健康受到影响	
	2. 课间休息吃垃圾食品充饥	
	3. 上午上课无精打采	
	4. 5. 6. ……	

续表

如果我继续像现在这样管他，会带来什么好的效果？	好的效果	评分 1~10
	1. 身体健康	
	2. 戒掉吃垃圾食品的坏习惯	
	3. 上课精神好，专心	
	4、5、6……	
如果我继续像现在这样管他，会产生什么坏的结果？	坏的结果	评分 1~10
	1. 母子感情受到影响	
	2. 每天早上上班前变得很辛苦、很累	
	3. 浪费太多的时间在这件事情上	
	4、5、6……	
扪心自问，我在这件让亲子纠结的事上，该负的责任有多少？	我的责任	评分 1~10
	观念上的	
	情绪上的	
	处理态度上的	
	处理技巧上的	

如果这事不是发生在我的儿子/女儿身上，而是发生在朋友或亲戚的孩子身上，我会给他/她的父母什么建议？

面对这个问题，有没有什么其他的解决方法？

续表

> 1. 不吃早饭关系到孩子的身体健康和脑力发展，这件事不是无关紧要的小事，必须坚持。所以我每天比平常再早起15分钟，把自己先收拾好打点完毕，早饭弄好之后，不做其他的事，只专心对付他不起床的毛病。我在不分心做其他事情的情况下，可以不像从前早上出门时那么手忙脚乱，也不会因自己的情绪而影响先生（或太太），更不会对着孩子大吼大叫。我决定要很冷静但很坚决地看着他从床上爬起来，然后乖乖地把早餐吃完再出门。
> 2. ……

以下是进行"两害相权取其轻"评估模式的几个思考方法和例子，我把它们以列表的方式列举出来，以提供我们作为思考这些亲子纠结问题时的一些参考和建议：

埃里克森心理社会发展阶段

阶段	年龄	发展危机	重要的人际关系	心理形成	有利的发展结果
婴儿期	0~1	信任/怀疑	母亲	获得/回报	驱力/希望
幼儿期	1~2	自主/害羞	父母	放手/抓握	自制力/意志力
儿童期	3~5	积极/犯罪感	家庭	认真/敷衍	方向/目的

续表

学龄期	6~12	勤勉/自卑	邻居/学校	竞争/合作	方法/能力
青少年	13~20	认同/混淆	同辈团体	肯定/否定	奉献/忠贞
青年期	21~30	亲密/孤立	友谊/竞争	失去自我/从别人中发现自我	亲和
中年期	31~64	创造力/停滞	家庭	创建/照顾	生产/照顾
老年期	65以上	统合/失望	气味相投者	享受成功/面对失败	自制/智慧

我希望上述的四个案例,以及每个案例中各个思考的层面和所建议的解决方法,能给我们勾勒出一幅应对青春期孩子问题时的全貌。

从专业青少年心理辅导的角度来说,青春期本来就会因为各种生理激素的影响,而有着这个或那个的问题。激素分泌的急剧变化,仿佛猛烈的飓风一般,随时影响着大海上的气候和风浪。然而对于才开始学习独自行船的新手,如果有一双懂得训练他的老手在一旁耐心引领,那么穿过这片危险的海域之后,前方就会是风平浪静的广阔大海。可是如果这时那双原本应该在一旁引领新手前进的老手,却因为自己这样那样的原因,成了摇晃、激化甚至误导前进的手,那么,穿过这片危险的海域之后,前方也许就是更加惊涛骇浪的险境了!

所以,让我们期许自己成为守护孩子在摇摇晃晃的成长中的那双充满智慧的手,除了安静地守护在一旁,让他知道随时可以在哪里看见我们、找到我们外,也成为他行船于风雨飘摇之时的稳定力量。

二、理解、接纳孩子

作为家长,要积极理解、接纳孩子的朋友和需求,而不是一味地批评、攻击和否定他们。

我常在演讲中开玩笑,但却也是事实地说:"我们对孩子拥有影响力的有效期限,只有最初的6年。"6岁之前,孩子在和其他小朋友的互动中,我们常会听见他们一个比一个高声地争辩说:"我妈妈说……"或"我爸爸说……"如果我们到幼儿园的教室外去偷听小女孩们的对话,就会大笑不已地听见这些小女孩们把自己的爸爸没边地夸成比蜘蛛侠还要厉害好几千万倍的英雄。

上了小学之后,那个曾经口中只有"我妈妈说""我爸爸说"的小孩,改了口。但凡爸爸妈妈所说的话和老师说的有任何相左之处,他一定毫不考虑地纠正你说:"我老师说……"在这个阶段,老师对孩子来说是神圣不可侵犯的。所以许多低年级的小学生发现老师也去厕所时,会很惊愕,他们想:"啊?老师也要上厕所啊!"而小女孩写"我的未来"这个作文题目时,大约有70%以上的女孩会希望自己将来做个老师。

可是,老师的好日子也不会太久。等孩子进入高年级,进入青春期的"同辈团体认同阶段"之后,他们口中认同、崇拜的对象,开始变成和他们年纪相仿,但有些特质被他们崇拜,例如,投篮命中率很高,长得很白净漂亮,很会打游戏机的同学……他们开始说:"我同学说……",或"谁谁谁说",这时不论是爸妈的话或老师的话,都无法敌得过"同学说的话"。

等孩子长大到已经交男女朋友,或结婚组成自己的小家庭之后,他们就开始变成我男朋友说、我女朋友说、我老婆说、我老公说了!所以我总是很有自知之明地知道自己的位置,知道我的话对儿子来说,拥有接近百分百的影响力的有效期限,只有6年左右!

但是,很可惜的是,不是每一个父母都有我这样的自知之明。我在处理亲子关系的问题时,就经常发现很多亲子之间发生冲突的导火索和孩子的朋友有关。他们有的是因为父母给孩子的课余时间安排了太多的补习或才艺班,以致孩子完全没法参加同学们的周末活动;有的是父母觉得孩子的朋友的学习成绩不够好,怕影响或带坏了孩子;有的是认为孩子平常在学校中已经花了很多时间和同学在一起,所以周末或放假的时间理应属于父母家人;也有的说不出什么原因,就是怕孩子有安全的顾虑或被同学影响而学坏。

作为一个专业的心理治疗师,同时也是一个母亲的我,当然明白父母们的这些理由都是可以被理解的。但是,如果我们从孩子的角度去看,又会发现他们也有交朋友以及课后和同学们在一起活动的需要,而且这个需要,不仅仅是他们贪玩,而是真的有社会心理和认知发展上的需求。

因此,我能不能请父母们在约束孩子的人际交往之前,先按下我们焦虑不安的心,先看看从社会心理学的角度来说,青春期的孩子在人际交往需求上的一些事实。

1. 青春期的人际发展需求——因为认同和混淆,所以需要同辈团体的认同

在贯穿一个人一生各个成长阶段的发展任务中,青少年时期的发展任务是在建构自己的人生方向和价值观。几乎每天早晨起来,这些半大不小的孩子都会迷惑地问自己:"我是谁?我是谁?"内心深处,他们既骄傲地以为自己已经长大,是个有思想、可以独立做决定的大人;可是又十分明白,有很多事情他们根本就不了解、不确定,也无法掌握。所以他们亟须要有和他们一样在相同处境中的朋友的支持、认同和互相取暖,这样才感觉不会太害怕,才知道自己不是唯一彷徨孤单的人。

社会心理学家们把这个重要的过程称为:"同辈团体"的隶属和认同过程。如果我们把这个听起来有点生涩的词汇简单化一些来说,就是如果同学们都有iPad,或都在网上玩一种游戏,或都喜欢听某一种类型的歌,

那么，为了寻求认同，"我"也必须要有iPad，也要在网上玩那种游戏，也要喜欢听那种类型的歌，这样才能表现出我是这个团体的一分子，也才有一个可以被团体认同和接纳的"入会徽章"。

而且，不管我们愿意不愿意，社会心理学家们在研究中还发现，青少年的情感重心已经由依赖家庭转向同伴，他们非常重视"别人眼中的我"，而不在乎"自己眼中的我"，对同伴的依赖和需求也越来越明显；更重要的是，他们的思维和行为也很大程度地受到同伴的影响。所以，作为青少年的父母，我们必须先理性地去理解什么叫作同伴，为什么他们会需要同伴，然后才能从感性的角度去接纳他们的行为。

首先，我们先来看看，为什么青少年会这么在乎同学朋友们的看法，原因是，这和每个年龄阶段的发展任务密切相关。

美国发展心理学家埃里克森在他非常著名的《儿童与社会》一书中，提出了人一生当中有八个不同阶段的发展任务的理论，在八个发展阶段中，每个阶段都会有不同的"危机"，个人如果能克服这些危机，就可以重建自我。这八个发展阶段，如下表：

在这八个发展阶段中，青少年阶段处于人生的风暴期，这个时期的青少年既遭遇了许多棘手的问题，例如越来越艰难的课程内容、高考等，而这些棘手的问题又必须在短时间之内获得解决，因此心理上会产生极度动荡与不平衡的现象。

所以，现在就让我们先用理性的思维来认识一些社会心理学家的研究结果和发现。

2. 什么是"同辈团体"？

孩子的整个学龄阶段，同伴间的互动会变得越来越频繁，最明显的变化就是会产生"同辈团体"（Peer Group）。

所谓"同辈团体"，是指成员之间的关系密切，成员们认同团体的标准，有归属感，而且拥有类似的价值观。同辈团体的形成，是指儿童或青少年们自由组合的朋友团体，成员们在年龄上是极为相近的，他们并不只是玩伴而已，而是具有一些特征的联盟：一是经常有互动；二是有归属感；三是有完善及明确的规范可说明成员该有的行为；四是发展出能促使成员共同合作以完成共同目标的阶层组织。

同伴关系的开始与发展，会随着时间而产生若干的变化。社会心理学家史密斯认为，所有的社会关系都经历了三个发展阶段：第一个阶段是"包含"，就是被团体所承认并接纳，在这个阶段中，会产生"里或外"的问题。当孩子感到被承认和包含之后，就进到了第二个阶段"控制"，孩子们希望在人际关系中感到具有影响力，在这个阶段会产生"上或下"的问题，也就是团体成员间下命令、接受命令及互相帮忙时，会表现出控制的欲望。当孩子感到受尊重之后，就会发展到第三个阶段——开始带有情感的"社会关联"，即一种感觉爱与被爱的需要，以及彼此间发展出强烈情绪连系的需要，所以这个阶段会产生"近或远"的问题，青少年们会借着分享小秘密或为对方牺牲，来发展情感的关联。

3. 同辈团体的功能和它的重要性

我知道，很多父母担心孩子交了朋友之后，会被朋友影响而学坏，或是不再像小时候那样听父母的话，所以总是不太愿意孩子在放学之后，或假日里和同学再在一起玩。其实，对于孩子，尤其是青春期的孩子，在建立自我认知和自我价值的过程中，非常需要同辈团体的帮助。心理学大师、哲学家弗洛姆曾说："人只有和他的友辈亲近和团结一致时，才能找到自我的满足和快乐。"所以同伴关系对青少年而言是有它的重要性的。

而且，从儿童期晚期到青春期的这个阶段，与同伴关系是否有问题，将会影响到孩子长大之后的社会适应能力和日后应付人生的挑战时所需要的社会技能。心理学家沙利文认为，孩子的人格发展等于人际关系的总和，虽然父母是儿童最早开始建立人际关系的对象，但是到了学龄期之后，他们会自然而然地把重心转向同学和朋友，以寻求情感的慰藉、认同与支持，所以和同伴之间的关系，对他们来说是非常重要的。

此外，儿童和青少年把家人的爱视为理所当然，但想要获得同伴的情谊却需要付出努力，并借助情绪和社交的技巧。因此，这个时期的交友状况会深深地影响他一生的人际关系及自尊。事实上，它的影响力和父母的爱与教养不分上下。专家们都认为，学龄时期如果缺乏朋友或不被同伴所接受，会造成他们日后心理上的缺憾和不满足。

同辈团体对青少年而言，具有以下的功能：

（1）发展自我概念，建立自尊、自信及价值观。在同辈团体中，青少年可以透过别人的眼光来看自己，进而形成对自己的看法，同时也提供一个对自身能力和技巧的比较基础。他们只有在团体中才能感受到自己的聪明、机敏和受欢迎的程度。同学就像是一面镜子，与同学互动时可以从他们的反应中发展出清晰、正确的自我画像。尤其是他们为了更加了解自己的特色和长处，会拿自己和同伴们作比较，以获得有关自己的结论，并用来查验自己所相信与感觉的自我，是否是真实的。

（2）发展社会能力和技巧。青少年与成人的交往互动关系中，是处于不平等的状态，但与同伴之间的互动却是平等自由的。由于这个特殊性，可以促使他们去体验和探索一种全新的人际关系，从而发展社会交际能力和社会判断力。和自己有平等地位的友伴们相处，才可以引发他们处理社会互动的技巧。事实上，他们必须单独面对友伴，学习克服被孤立与排斥的情境，在没有成人的干预下，学会在同辈团体中生存下来。

曾经有学者做过一个有趣的研究，研究内容是比较单独做计算机作业的学生，以及和同伴一起做计算机作业的学生之间的学习成果。结果发现，虽然和同伴一起做作业的学生会分心，会比较专注在社会互动上，但结果却是比较喜欢这项作业，并且从中学到比较多的知识。另外两位心理学家杜斯与莫尼在1984年的研究中也发现，当学生独自一个人无法解决问题时，如果与同伴一起思考，往往就能获得解决。

事实也证明，善于交往的人比较容易受到大家的欢迎，也能够比较容易地解决问题；而不愿与人交往或缺乏交往技能的人，则会感到孤独与寂寞。因此人际交往的成功与否，会对个人的个性及认知能力的发展产生重要的影响。此外，青少年的社会行为是经由在社会化的历程中不断与他人互动、增强、模仿和认同的过程而形成的，除了父母外，同辈团体对他们的影响力最大。

（3）在同辈团体中寻求归属感。同辈团体之间的关系因为是属于平等地位的关系，所以可以从中获得满足与支持。在心理学大师马斯洛的人类需求层次论中曾指出：一个人在生理和安全需求得到满足后，会极力要求爱与归属感。每一个人，不管是青少年或成年人，都会在团体中把友伴视为认同的对象，大家相互模仿，把他人的行为方式、态度、价值观吸纳过来，内化成自己的人格组织，使自己与他人更相似、更接近。

此外，在青少年时期建立亲密、同性间的友谊关系是必须的，它可以培养青少年对他人需求的敏感度、增加快乐的情绪，为未来的社会调适打下基础。另外，同伴对青少年的情绪发展与调节也具有重要作用，因为同伴会让他了解情绪的暗示作用，提供情绪的支持和安慰，并且帮助他们应付生活和课业上种种的紧张和压力。

了解并理解了所有研究青少年心理学专家们的研究结论之后，让我们再回到现实生活中常发生的一些事件上来。如果今天孩子告诉我们他希望今年的生日礼物或新年礼物是一个大部分同学都拥有的新款手机时，我们先不要立刻觉得很可笑或认为孩子很虚荣，也不要随口并无所谓地说："没有手机就没有手机，同学们都有关你什么事？！你只要学习好就可以了，不要跟人家比！"这是个很不聪明的回答，因为我们不知道孩子对同辈团体的认同需求是多么渴望，他非常需要属于一个团体，而他又不像我们成年人到了一定的年龄，不管有没有属于一个团体，我们都有自己很强大的意志力量去对抗它。

我们必须理解，青少年需要归属于一个团体，可是他又不知道该用什么样的方法来归属它，他认为需要有一些表象的东西，觉得只要我们大家都拥有相同的东西，就表示我归属于这个团体了。此外，我们还需要理解，在同伴朋友间的谈话过程中，能不能插入到谈话的内容里，对孩子们来讲也是很重要的。因此，当大家都在谈论 iPad 的时候，如果我连听都没听过，或者我没有用过，那我就不知道该怎么样去介入进这个谈话的内容中。

我相信，读到这里，我仿佛又能看见有些父母们不可置信的疑惑表情，甚至是鄙夷的愤怒情绪。他们可能会发出质问：好了，被你这需要归属于同辈团体的大帽子一扣，孩子要什么，我们就给什么；想和同学出去玩，就让他出去玩；那还要我们这些父母做什么？再说，这不是惯坏孩子，让孩子养成浮华虚荣的坏习惯吗？

是的，我们当然不能孩子要什么就给什么，或毫无节制地放任他出去玩。我之所以花了这么多的篇幅、列举了这么多专家研究结论的原因，无非是希望我们先通过了解青少年的认知和人际发展需求，知道这和他们学坏或不学坏无关之后，用更客观和心平气和的视角去看待这些问题，并且在理性地接纳之后，找到一个合理的、切合实际的解决之道。而且，更重要的是，如果孩子们在提出要求之后，不管他的要求有没有被实现，但至少他知道自己的心理情绪是被理解和接纳的，那么再面对拒绝的时候就容易得多。

现在，我们就用实际的案例来解释我的理论。

孩子要求买个最新款的、价格不便宜的手机。问题是，他的上一个手机才买了不到一年，而他爸爸的手机则已经用了三年多。

因此对于这个要求，答案当然是：不。但是说"不"，可以有不同的说法：

说法1. 你不用再跟我说这个,我绝对不会再帮你买个新手机,上一个手机才买了不到一年,你以为大人的钱这么好赚吗?你成天就知道跟同学攀比,你怎么不去跟那些吃不上饭、念不了书的穷人家的孩子比啊?看看你这次考试的成绩,你还有脸来跟我说要买新手机!快去念书去!

说法2. 是吗?同学们又换新手机啦?!天啊!他们换手机的速度还真快!我相信他们爸妈也和我们一样,都快要喘不过气来了!(耐心、专心、不动肝火地听听他怎么说)说真的,除了想和同学一样外,你真的觉得需要换手机吗?(再耐心、专心、不动肝火地听听他怎么说)我知道,如果同学们都有而你没有,感觉好像有点 out(落伍)了,但是你觉得把这个手机用那么便宜的价钱卖了,亏这么多钱,划算吗?(继续耐心、专心、不动肝火地听听他怎么说)对了,是不是每个同学都换新手机啦?……

看见了吗?我们可以拒绝孩子的要求,但是要通过沟通和合理地说服,而不是立即否定和责骂。

我们再来看看另一个案例。

明年就要参加高考的孩子,最近总是和几个学习成绩不如他、看起来又不爱学习、不上进的同学在一起。

你的态度是,希望他少和这些同学来往,交朋友也要交那些对他有帮助、用功念书的同学。

说法1. 不准和这些不上进的同学出去。马上就要高考了,你哪有这么多闲工夫跟他们鬼混去!不知道好好读书,就知道玩。再说,要交朋友,也要交那些学习好的、知道上进的。你呀!就是不长进!

说法2. 你们想去哪儿玩呢?为什么你很喜欢和他们在一起呀?(耐心、专心、不动肝火地听听他怎么说)。很奇怪,我怎么发现这几个同学好像不太爱念书?他们有时间念书吗?(再耐心、专心、不动肝火地听听他怎么说)对了,你们班其他同学也都喜欢和他们在一起吗?……(继续耐心、专心、不动肝火地听听他怎么说)

你们是不是注意到这两个案例当中有个共同性？那就是：

• 先接纳，不急着否定和责骂。

• 提几个问题，给孩子说明和解释他的立场的机会，同时也在帮助他厘清自己的思绪和心理情绪动机。

• 搬出同辈团体中其他同学，提供一个归属于其他次级团体的选择和可能性。

如果，我们不耐着性子，不这么迂回地去处理他与同辈团体认同的问题，结果会是什么？

结果有可能是孩子很生我们的气，觉得我们不了解他，觉得我们只会打压他，觉得我们不支持他，然后，在家里获得不到支持和温暖（当然是他自己错误地以为），进而就会往外去寻求，更需要向所隶属的团体成员去取暖。结果，他继续背着我们做我们不允许他做的事，不仅有可能危及他的健康、安全或前程，亲子关系也会越来越恶劣和疏离。

当然，一旦涉及同辈团体的其他成员时，亲子之间的问题往往不像我描述的这么简单和容易解决。尤其是当这些次文化团体已经很深入地影响到孩子的思维和价值观时，父母和孩子之间硬碰硬的对抗往往会以父母的失败收场。所以专家们提出的看法也总是，要疏浚、不要拦阻，越拦阻，波浪会冲得越高，决堤的可能性也越大。

如果我们见过孩子目前交往密切的同学，真的觉得这个孩子不是很适合常常在一起相处的对象，那么有哪些事情是我们可以做的呢？（请记住，即使我们打算做些阻止的举措，也要非常有技巧，因为我们粗糙的阻止，有可能会更激化问题，让孩子离我们越来越远，离损友更近！）

父母可以尝试采取以下方式：

（1）首先，无论如何，都不要在同学面前让孩子丢脸，伤害他的自尊心。因为这是他们一辈子都不会原谅我们的事。

所以，假设今天我们正好碰见他又和那个我们不喜欢的同学在一起，我们一定要不动声色，而且要很和气地和那位同学打招呼，千万不能当着孩子的面板着脸，甚至责骂他。

（2）只强调事实，不要凭"感觉"。"你又不认识他们,你怎么知道他们是坏孩子!"这是孩子最常对着我们喊的一句话。是啊!谁会喜欢别人批评自己的好朋友,我们也不喜欢呀!所以,我们说出禁止的理由时,一定要举出实际的事证,只强调事实,而不要有被孩子认为的所谓的"人身攻击"。所以我们不能说:"反正我就是不喜欢那个孩子,看了就讨厌!"或"看他那个样子,就知道不是个好孩子!"我们说:"我不喜欢他昨天提到的对待学习的态度和方式!"或"我担心他每天的饮食习惯会影响到你的健康!"

(3)不要骤下断语,先听听孩子怎么说。允许孩子为自己交朋友的理由而辩解,这会带来几个好处。

好处之一是,我们借此知道他心里想什么和需要什么,以及他渴望从朋友那里得到什么,这能够帮助我们对孩子有更多的了解;好处之二是,给我们一个可以和他一起讨论并说服他的机会,并借此让他知道真正的"好朋友"的意义和功能是什么;好处之三是,增加和孩子互动的时间,让他明白父母并不只是一味地阻止,其实是用开放的心胸和尊重他的态度来就事论事地讨论问题。

（4）设定底线。如果孩子对我们的要求表示反抗和不服从，那么，设定一条底线，例如，保持学习成绩；遵守晚上回家的时间规定。让他自己去证明他们的交往不会跨越这条底线，也不会影响他对这条底线的坚持。如果他真能遵守这个约定，也没有跨越它，那么，说真的，我们就没有什么好反对的了。

（5）帮助他建立自尊、自信和对未来的愿景。很多青少年对自己的未来是很茫然的，他们不太清楚自己可以期望什么，或敢于做什么样的规划和梦想。我发现这一招对那些学业成绩比较差的孩子特别管用，我会带着他们去想象一个美好的未来场景，让他看见自己在其中的喜悦和骄傲。对于平日不太敢去想象未来的孩子来说，拥有一个可以去梦想并努力追求的目标是很重要的。

当我们调动起孩子对自己美好未来的期望时，也会调动起他对自我价值的认识，而当他越尊重自己的价值，对同辈团体的依附也就越弱，对同伴压力的抵抗也就越强。

（6）让家成为一个温暖的地方，是个他不需要向外寻求，就可以得到心灵归属的地方。甚至，如果他还是希望维持和那个或那些朋友的友谊，让他们在家里、在我们看得见的地方，这样总比在外面要放心得多。

其实，针对同辈团体这个主题，还有一个让人比较担心的问题是——青少年在学校中所遭遇的"同伴压力"的问题。

4. "同伴压力"或霸凌

青少年由于希望自己被接纳、受肯定、有归属感，因此这急切地想与他人结为好友的心理动机，会促使他做出某些努力，例如，打扮得很时尚以获得校园内的瞩目和被崇拜，或收看某个电视影集以便和同学有话题可说。这种希望被接纳的渴望会让他们改变自己的穿着、说话用语、想法、做些原本不敢做或不愿做的事情，甚至有些事情会让他感到良心不安。例如，得跟其他同学一样去欺负某位同学，才会被接纳当作哥们；或是非得去排挤某位同学，才能进入姊妹们的小圈子；或甚至最好的朋友在顺手牵羊时要求他把风……

有位接受我辅导的高中男孩，家长屡屡因为他在学校违纪而被叫到学校听训。我在和这个男孩咨询的过程中，不断听见他用一个词汇——"这样才够义气"来解释自己的行为。初中二年级时，他和父母一起从西南地区搬到北京，虽然家境十分优渥，但说话时仍然带着点家乡的口音，穿着上也不像大城市的孩子那样时尚。喜欢恶作剧的男同学们因此而常常讥笑捉弄他，还给他取了个很有些地域歧视的外号。于是他度过了十分艰难并屈辱的初中岁月。

上高中以后，他立誓要在一个全新的环境里反败为胜。为了讨好同学，他不仅出手大方花钱请客，还总是很仗义地承担一些触犯校规的行为。他告诉我，虽然触犯校规而被老师和家长严厉地处罚，但是在看到同学们崇拜的眼神之后，这些"牺牲"就都值得了！

除了因为争取同伴的认同而过度地补偿、表现外，还有的孩子是因为胆小而屈服于同伴的压力。例如，有个初中女孩的父母发现她的零用钱用得比往常快得多，后来才知道，她每天早上都必须帮几位固定的同学买早餐，要不就会受到她们的处罚；另外一位孩子近来总是无精打采、食欲不振，甚至常常找理由不想去学校，后来才知道他每天都得提心吊胆地绕路上学，因为有几个人高马大、看他不爽的同学，霸住了学校前门，只准他从后门爬墙进去。

事后父母知道了孩子在学校被同伴霸凌，除了心疼外，很多时候也很焦虑生气，我们可能会对孩子说，你为什么那么怕同学，不理他们就是了；或是，你可以告诉老师呀，为什么要这样忍气吞声；或是，你怎么这么没用，就这样被人欺负……其实，我们不知道的是，就是因为他无力处理或反击，所以才会屈服于负面的同伴压力之下。这一点我们不能低估。

从社会学的角度来说，只要是有人群聚集的地方，就会有权力和政治，校园里也不例外。如果我们在校园里仔细地观察一天，就一定会看见下课时有某位女同学或男同学是其他同学们簇拥的中心，她可能长得漂亮，可能高挑时髦，可能作风豪放，可能成绩优秀；他可能体格健壮，可能吸引女生等，总之，他因某种特质而被其他同学崇拜，也因此掌握了可以支配他们的权力。而这种校园内自然而然形成的权力阶级，就是负面的同伴压力的来源之一。

一位研究学习差异的专家梅尔·列文博士,在他的一场演讲中,相当清楚地陈述了以下的观点:对大部分在学的孩子来说,人缘好不好,是非常重要的。不惜任何代价要避免丢脸,是非常严酷的竞争活动。到了中学阶段,社会压力的极限到达最大的程度,孩子变得容易受伤、羞怯,也知道了性别角色的刻板印象,并且不想脱离同伴间行为的常轨。

但是专家们也带来了好消息,那就是父母的协助,可以帮助孩子更好地去处理负面的同伴压力,而且,我们对孩子的影响力,比我们所了解的要大得多。孩子到了青春期之后,可能会表现出不怎么在乎或相信我们所说的话,但他们还是会仔细观察我们的行为和价值观,也会默默地希望我们伸出能够扶他一把的手。

以下是几个我们可以做的事:

(1)留意是否有任何不同寻常的征兆(但是不要变得过度紧张而疑神疑鬼)。孩子如果在学校遇到同伴压力而又无力应付时,一定会在一些行为表现上显现出某些征兆,他们通常是食欲、睡眠受到影响;无精打采;莫名其妙地陷入沉思;出现啃指甲、撕指甲皮等焦虑的行为反应；零用钱花得太快；不明原因地肚子疼、胃疼；学习成绩突然下滑等。这些都是孩子向我们发送的求助信号。

（2）给孩子一个安全的场所，让他敢于打开心门对我们吐露实情。有些孩子不敢对父母说实话的原因，是因为害怕父母小题大做，把事情弄得更僵，而让他不敢或太丢人而无法再回去面对同学，或者是害怕父母听到后大发雷霆，或是对自己的软弱感到失望。所以我们除了不预设立场地问他发生了什么事外，还要冷静地面对，不要让他受到二次的伤害。

例如，我们可以问：

• 妈妈发现你最近好像睡得不太好，有没有什么事要告诉我呢？
• 如果有什么烦恼的事，可以告诉我们，我们来想办法一起解决好吗？
• 我和几个比较要好的同学在和你一样大的时候，总是很怕学校里的某些同学，你会不会呀？
• 昨天有个同事很烦恼地告诉我，她的儿子在学校里总是被人欺负,她不知道应该怎么办,你能给妈妈一些建议,告诉她该怎么做吗?

(3)如果事情是可以控制的,那就教导、帮助他自己去处理这个问题,我们不出手,只在一旁打气。当孩子面对一个朋友或同学的问题时,我们所能做的最好的事情,就是帮他找出他自己可以处理问题的方法。不要试图为他而战,这样只会让他在面对同伴时,感到更加无力,因为我们不能掌控其他孩子对待他的方式,所以孩子必须经历和学习如何独自去处理这些事情。我们能做的事,就是提供一个安全的打气共鸣板。另外,我们也可以和孩子一起脑力激荡出可能的处理方式,例如,建议他试着开个玩笑、不要理会这个同学,或勇敢地抵抗他。角色扮演是一个非常有效的办法,能帮助孩子找出可能对他有用的应对方式。

所以,如果孩子向我们打开心扉,告诉我们在学校被霸凌的事实后,我们要:

- 先告诉他,他告诉我们这些事情是很正确的,因为他不能保持沉默,而且爸妈就是能保护他的安全的臂膀。

• 告诉他,通常会被同学选择霸凌的对象大概都具有一些特质,例如,看起来很孤单,很容易被激怒,害羞胆小等,所以要教会他挺起胸膛走路,漠视那些挑衅的行为或暗号,找几个好同学相伴。但最好不要教他去还击,因为这样有可能导致他打架受伤,反而让他变成霸凌同学的人。

• 通过讨论或角色扮演,教他一些面对霸凌时的对策。

(4) 如果孩子在学校所受到的霸凌比较严重,是必须被家长正视并立即阻止的,那么我们在出面处理时,必须也有几个要遵守的原则:

• 去学校做任何处理之前,必须让孩子知道,也必须先和他讨论过。绝对不可以在没有知会孩子以及和他讨论之前,就自行在学校出现,这样会让他很受伤害,也会在毫无心理准备的情况下变得更脆弱。

• 和老师会面处理事情时,要冷静,不要动怒和大吵大闹,青少年非常要面子,我们歇斯底里的表现会成为他被同学取笑的笑柄，成为他的二次伤害。

• 持续和学校保持联系，掌握状况，让同学和他都知道，有人正在火眼金睛地观察和保护他的孩子。

• 真的必要时，可以考虑转换学校。

（5）最重要的一点：让家成为孩子可以依靠、歇息、疗伤、重新获得自尊、自信以及爱的温暖的港湾；父母则是那永远张开双臂随时等待着提供保护和爱，以及是他永远可以信任的人。

当年我在台湾为高中老师做培训辅导时，教导学生如何在学校反抗或避免被霸凌，也是我们很重要的工作任务之一。以下是台北"市政府卫生局"所印制并发给每位中学生的手册里的一部分内容，我把它抄录于后，或许可以提供父母们作为教育孩子的方法和参考建议：

如果有负面的同伴压力或被霸凌的事情发生时，要如何处理这样的压力呢？

以下是一些具体建议：

- 决定什么行为是正常的？是好的？是坏的？

人们经常会为了被接纳而屈服于同伴压力，原因之一就是没有确立好自己的行为准则。当您知道哪一条路才是对的，纵使您与大部分人意见不同，您还会跟着其他人去往错误的方向吗？正常与对错不见得是多数决定，因为别人无法为您的行为负责，只有您自己才能决定您的行为。想要决定您的行为准则很简单，仔细想想关心您的人给您怎样的人生观、价值观，仔细地思索他们告诉您的，您将会做出正确的判断。

- 学习向压力说不

做您认为对的事，而不是模仿别人。有时拒绝只要一个字：不。您可以婉转拒绝，坚定拒绝，就是不要随波逐流。以清楚、坚定、不犹豫的声音来说话，并跟他人直接做眼神接触。不必觉得有罪恶感，拒绝臣服同伴压力并不会伤害到任何人。除了说"不"外，您可以提议做其他事，委婉地拒绝。拒绝后就换个话题，以免流于争辩。

- 想一想您对自己的看法

您若不喜欢您自己，不尊重自己，那您很容易就会被淹没在同伴压力下。自尊不是模仿别人或是顺从别人可以得来的。当您坚持自己的想法与原则时反而会令其他人佩服。与您一起的朋友们若是阻止您做出对的决定或是要求您一起做出有违良知的事情，那是因为他们缺乏安全感。当您带头做出对的决定时，相信其他人会接二连三地附和您的行动。倘若只有您一个人做出对的决定，那至少您可以对自己更尊重。

• 寻找您能信任且能指引您的大人

当我们在岔路口徘徊且不知道哪条路是对的时候，我们都会求助地图或是指示标。面对同伴的压力与道德的两难也是类似的情况。之所以建议您寻求大人的协助，是因为经验与智慧相仿的同伴不见得能帮助您。如果您在家觉得不愉快，不愿求助自己的父母，就去寻找您应得到的帮助，例如：老师、辅导人员、社区健康中心或公益团体的专业人员。

5. 预警机制的建立

建议家长们要建立起"预警机制"，在问题还没有发生之前，先采取防范措施。

我先说个故事给你们听。有一次我从上海搭飞机回北京，坐在和我同一排、隔着走道另一边座位上的，是一对母女。妈妈年龄大概在35岁，带着一个3岁左右的小女儿。我上飞机时，看见小女孩正趴在妈妈身上、像个小天使一样安安静静地睡觉。飞机起飞后不久，她就醒了，那时要求系安全带的指示灯还亮着，飞机仍然在爬升之中。小女孩睡醒之后的最初5分钟，由于还有点迷糊，所以还懒懒地依偎着妈妈，仍然安静得像个小天使。

可是过了没多久，等她完全清醒之后，她就立刻恢复了精力。起先，她要求把安全带松开，要站在椅子上看看后面都坐的是哪些人。当然，妈妈以飞机还没平飞为由，拒绝了她的提议，小女孩有些不高兴，但慑于空乘员的目光，只好继续乖乖地坐着。

系安全带的指示灯终于熄灭了，空乘员开始在机舱内走动，有位旅客也站起来往洗手间走去。聪明的小女孩知道妈妈再也没有理由把她继续绑在椅子上，于是高声地叫道："我要站起来，我要站起来。"装扮得精致优雅的妈妈，于是让她站在椅子上、趴着椅背往后看。小女孩花了七八分钟的时间，居高临下地审视完机舱内的乘客后，要求从椅子上下来，并让妈妈把她放在走道上。

起先,她慢慢地在走道上走了几个来回,接着,她跑了起来,一面跑还一面兴奋地尖声叫着,其间还撞上了正在为旅客递送饮料茶水的空乘员手上的托盘。优雅的妈妈尴尬极了,一把把女儿提溜了回去,按在座位上,并强制她不准再离开椅子。小女孩哪里甘愿被妈妈这么按压着老老实实地坐着,她开始在座位上哭喊、扭动、拉扯着安全带,并猛踢前面座位的椅背。(还好,前座的那位男士很有风度,只是略微皱着眉头,回头看了一眼,之后就再没做出任何不悦的反应)

小女孩的哭喊、扭打、乱踢持续了将近二十分钟,机舱内旅客的情绪都被这吵闹搅得紧绷到了最高点,而她那可怜的母亲更是尴尬、羞愧、愤怒地涨红了脸,濒临崩溃。我坐在一旁,不敢插手,也不忍和她有任何眼神的接触,所以只能闭着眼装作睡着了,以减缓她的羞辱和焦虑。

事态发展到最高潮并失控,是在空乘员开始为旅客送餐时。当空乘员为妈妈摆好小桌板、铺好白桌布、并摆好餐盘后,仍然在愤怒亢奋之中的小女孩,挥舞着双手,一把就把桌子给掀起,霎时间,热腾腾的饭菜全倒在了妈妈的腿上和地上,装着热汤的碗还滚到了后几排的座位底下。是可忍、孰不可忍的妈妈终于控制不住自己的怒火，对着小女孩上去就是一个清脆的耳光！

就这样，在一万多米的高空上，机舱内的景象只能用"惨不忍赌"这四个字来形容：受到惊吓的小女孩声嘶力竭地哭叫着；妈妈难过沮丧得无地自容；机舱地毯上散落着一地的食物、油水和杯碗；空乘员蹲在地上忙乱地清理收拾；旅客们错愕和不可置信地张着嘴……

飞机终于降落在北京首都机场后，犹在滑行间，还没有来得及等机舱门开启，那位已经疯了似的妈妈就对着手机那头显然是孩子的爸爸吼着说："我再也不会一个人带她坐飞机了，太丢人了！每次都是这样，下次换你带她看看！"从她的话里显然可知，小女孩像今天这样的脱序行为，已经不是第一次了！

我为什么要说这个故事给大家听？这和我们的主题有什么关系？有的，有关系，因为我要说的是——为孩子的行为建立一个预警机制，是非常重要并且有效的方法。

我们再来看看，如果这位小女孩在飞机上的脱序行为是时常发生的，那么，如果已经知道孩子很有可能会调皮捣蛋的妈妈在带她上飞机之前，能够预先采取一些

预防措施，是不是就能避免接下来这两败俱伤的失控行为？（孩子的脱序行为常常是因为无聊而引发的）

例如，妈妈先准备好女儿最喜欢看的故事书和玩具，把它们带上飞机。当女儿睡醒之后，在还没有精力旺盛之前时，把她搂在怀里，给她读故事书、看故事书里的图画，或两人一起唱着故事书里的儿歌，同时又把喜欢的玩具或娃娃抱在手里。如果能把女儿在妈妈怀里安静的时间拉长，又用她喜欢的故事和玩具占据着她的注意力，让她体会这种愉悦舒适的感觉，并用这种新的、正向的行为模式，去切断"睡醒—充电—吵闹—挨打—哭喊—挫折"的固定模式。渐渐地，当她享受了"乖乖的—讨人喜欢的—爸爸妈妈开心的夸奖—骄傲"的行为所带来的快乐经验后，她的正向的、新的行为模式就会逐渐被建立起来了。

我用了这么长的篇幅来说这个故事，就是希望能说明一件事情——有些行为是可以通过事先的准备而避免的。例如，如果女儿已经进入行经期，留心观察记录一下，是不是每个月月经前，你们都会吵一架？月经是不是她的反叛行为的导火索？月经前她是不是变得比较暴躁、不耐烦？或者是我们在月经前变得比较暴躁、不耐烦，所以容易被她所做的一些小错误而激怒？

我们都知道，许多女性有"经前综合征"的问题，每个月行经前，因为激素分泌变化而引起情绪的波动，如果这就是让我们之间产生矛盾的主要原因，那么知道了容易引发"火灾"的起火点在哪里，事先就可以避开它、绕过它、熄灭它或理解它，情绪是不是就容易控制得多？（请别告诉我"不就是来个月经，哪有那么大的影响力？"想想看，很多正值更年期的女性，被激素搅得情绪紊乱时，是不是常莫名其妙地怀疑先生有外遇？）

再假设，我们和儿子每个星期总是要不愉快一次，留心观察记录一下，看看每次发生不愉快之前或之后，他都有哪些活动？也许我们会发现，每次的不愉快都是在他星期三上完体育课回家之后，我们也许就可以得出一个结论——他的体质在上完需要激烈运动的体育课后，因为肾上腺素的大量分泌，会让身体比较疲倦、情绪比较低落，所以对我们所说的话就会比较不耐烦。

又或许，通过观察记录，我们发现每次为了一些小事而不愉快，都是发生在星期天晚上或星期一早上上学之前，分析了他的课表之后，我们知道星期一他的课业很重，尤其是他最不喜欢的英语课和物理课，星期一就连着各有两节，而且每次英语小考都是在星期一举行。所以他对课业的焦虑影响了他的情绪，对我们唠叨的反应，也就比其他几天强烈得多。

　　建立预警机制的好处，不仅仅是帮助我们避免亲子之间的不愉快，它还有更积极的意义，那就是可以提供一个让我们帮助孩子学会情绪管理的机会。例如，对有经前综合征的女儿，我们可以先为她解释激素变化对情绪的影响，教她辨识情绪波动前的征兆，然后学会在情绪爆发之前找个可以宣泄它们的方法，例如，洗澡时扯着嗓子大声唱歌，看一个能让她温馨感动得痛哭流涕的电影，吃些能安抚情绪的能量食物，用舒缓的精油配方泡澡，甚至暴打出气娃娃……让这些方法帮助她在躁动的情绪发生之前得以辨识和纾解，从而学会日后管理自己情绪的能力。

　　至于每周一有学习压力的儿子，我们除了要尽量避免做一些激化他已经很紧张的情绪的事，例如，唠叨他房间太乱，频频问他作业写完了没有，一直催促他赶快上床睡觉，阴阳怪气地和他爸爸冷战等，还要利用一些方法来帮助他纾解情绪并勇敢面对课业的焦虑、压力。例如，让他听听喜欢的音乐，全家一起看场轻松有趣的电影，周日晚上去餐馆吃顿他喜欢吃的晚餐，如果他愿意、我们也有能力的话帮他一起预习功课，说说自己或好友中学时在学校发生的糗事等，借此平缓他焦虑的心情，让他觉得不是只有自己一个人去孤独地面对课业的挑战。还有，更重要的是，学会面对情绪并有效地管理它。

以下是建立预警机制时，要忠实地观察、记录并回答自己的几个问题：

- 我们之间的不愉快，是不是总是发生在一些特定的时间或日子？有没有什么足以让我留意的规律性？
- 如果不愉快没有特定的规律性，那么在这些不愉快的事件中，彼此之间有没有任何关联性？
- 我有没有做什么事诱发了不愉快的发生？或使它更糟？如果我们自己想不出来或没有勇气去检视这个问题，问问孩子，我保证他们会很乐意地告诉我们，也会很高兴地知道我们也在反省自己，并愿意承担一些责任。

- 如果我不希望这些不愉快发生的次数和频率比现在更多，我做些什么会保证有效？
- 孩子有表现良好的时候吗？和表现不好时比较，有什么因素促使他表现良好吗？
- 在每次孩子表现不好的行为发生之前，我们自己有没有什么足以留意的情况？是不是太累？工作压力太大？快迟到了，忙着出门？我们需不需要为每次的不愉快负些责任？

以上是孩子发生不好的行为或不愉快事件发生之前的观察，为了建立更完整并涵盖全貌的预警机制，我们还需要观察记录事件发生后的情形：

- 行为或事件发生后，我的反应是什么？
- 孩子的反应行为，让我有什么样的感受？
- 事件发生后，孩子有从中学习到了什么吗？

针对"事前""事后"这两大类自我检视问题，我再用例子和一个更清晰的表格来说明：

情境、时间和地点	我做了什么	他/她做了什么	结果
早上:担心他这么拖拖拉拉的,上学又要迟到了	帮他做早餐;叫他起床;告诉他我很担心他再不快点就要来不及了	告诉我今天早上第一堂课不用去,因为老师请假。说话非常没礼貌,说如果我不相信,可以打电话去学校问,反正我那么喜欢打电话给老师	我觉得很生气、沮丧;很担心他考不上大学
星期五晚上:和同学出去看电影	同学来家等他一起出门时,我当着同学的面,叫他早点回家,别弄得太晚,别喝太多可乐和吃垃圾食品	他当着同学的面,给我难堪,不仅不回答我的话,还给我脸色看	我觉得在他同学面前毫无做母亲的尊严;很担心他那么晚还在外面游荡;担心他明天补习数学时没有精神
晚上:上周的数学考试成绩不太理想,我想在今天晚上和他谈谈	试着和他说话。从厨房跟着他走回房间,坐在他书桌旁,试图和他谈谈	他完全不和我说话,我一说话他就走开。回到房间后戴上耳机听音乐,还做手势叫我出去,就是不和我谈	我感到非常挫败,尤其越来越担心他的学习,担心他考不上大学

当然，我完全可以理解在检视不愉快事件时，我们会发现自己很难接受孩子的行为，也很难不去担心他们的健康和未来，所以即便是看见了引发事件的诱因，我们似乎也很难去避免它。但是，为了解决问题，我们还是不得不学会控制自己的行为反应和情绪，因为唯有如此，我们才能帮助孩子安然度过这个人生最动荡也最关键的阶段。

青少年叛逆行为背后常见的情绪动因：

现在，让我们来看看青少年的一些所谓的叛逆行为背后的情绪动因，也许通过理解这些动因，可以帮助我们用比较理性的态度去接纳他并控制自己的情绪反应。

我每次在教导幼儿父母如何去应对孩子不听话的行为时，都会说："任何孩子的'反社会行为'的背后，都有一个求救的原因，我们要先绕过那让我们生气的行为，不让它激怒我们，要先不动气地去检视促使他产生这些行为表现背后的求救动因，把这些动因给满足、弱化或解决掉，这样，不等我们去处理那不好的行为，它自己在动因消失掉之后，就会慢慢地改善了。"

对儿童来说，这些求救的动因，除了一些确实的身体因素，例如肚子总是胀气难受、早上起来因光线而头疼、莫名其妙地疲倦等，但又不会用精确的语言来表达；或确实的情绪因素，如看了电视里的恐怖镜头而怕黑不敢自己一个人睡觉、总是被学校里一群顽皮的同学欺负而不敢上学、语文老师太凶，感觉自己不被老师喜欢等之外，还有两个主要的因素："寻求关注"和"喜欢掌控"的动机。

"寻求关注"是我们在临床上最常发现的行为动因。就拿一个最常见也容易被父母接受的行为来说：很多小朋友白天跟着奶奶或姥姥一块儿，爸爸妈妈只是在傍晚下班后才到老人家里看孩子或接孩子回家。每次孩子看到下班的爸爸妈妈回家后，都会做些很调皮但白天不会表现的行为。这时老人会说：这孩子白天跟着我乖得很，就是看见你们回来才这么皮！是啊，对小小孩来说，他心里想：嗯！爸爸妈妈总算是下班了，总算是看见我了，哈哈，我得动静大些，这样他们才会看见我、注意到我。

"喜欢掌控"则是与生俱来的人性之一。如果你仔细地观察一个小小孩的行为，就会很清楚地看到这个动因是如何驱使他的习惯养成的。例如，小小孩某次不小心把积木打翻，积木哐啷一声全打散掉落到了地上。妈妈看见了，故意用滑稽而惊讶的表情、口吻和动作说："哇！"你看着吧！小小孩把积木赶紧堆好后，马上就又得意地再次把积木哐啷一声推翻，然后得意地看着你，等着你滑稽、惊讶的反应。如果你再一次、再二次给他这个让他兴奋快乐的反应，那么他"制约"我们的情绪反应的行为就宣告建立——他以后就再也不好好地堆积木了！

但是如果隔几天他再玩积木，也再次把积木哐啷一声推翻后，妈妈却没有任何像上次一样的情绪反应，他会再试一次，再给你一次机会，可如果你还是没有反应，失望之余，他就只好转移焦点，用哭闹或其他更能引起我们注意的行为来求取控制。更糟糕的是，如果这次妈妈不仅没有给他兴奋快乐的夸张情绪反应，反而还责骂他不好好堆积木，这巨大的期待落差，就会让孩子去寻找更具有破坏性的行为来寻求注意，并掌控我们的情绪反应。

（如果你问我孩子不小心打翻积木，我们应该怎反应？很简单，只要实事求是地说："嗯！宝宝把积木打翻了，来，我们再把它堆起来！"就这样，平铺直叙，就事论事，不要说："哎呀！宝宝怎么不小心把积木打翻了呢？"也不要说："哈哈哈！你看，宝宝不小心把积木打翻了！"）

青少年和幼儿一样，也有这两个人类基本的情绪动因驱使他们的行为表现。不过，由于青少年的心智比幼儿复杂和敏感纤细得多，所以他们让父母头疼的行为表现还有以下几种动因：

（1）关注我！哪怕是生气，也请关注我！许多中学辅导老师都有这样的经验和"心知肚明"——学生在学校故意犯规或打架滋事，目的只是希望赢得父母的注意力，哪怕这注意力的结果是一顿痛骂或被狠狠地处罚。

我们可能会觉得这个理由有些牵强和难以理解，但事实上，很多过分忙于事业或本身也有情绪问题困扰的父母，例如得悉配偶有外遇或婚姻濒临破裂，他们很难将注意力放在孩子身上，他们以为孩子还是像往常一样每天上学、放学，或像往常一样吃饱、穿暖、安全、健康，所以，他们每天只是"看见"了孩子（甚至几天才见到孩子一次），但却没有真正地"遇见"孩子的内心和他们的情绪需求。

孩子的心灵是非常敏锐的，他们期望回到家之后，有人在乎他今天在学校发生了什么事，在乎他的行为得到认可和奖励，也在乎他在父母心中不可替代的重要性。

我曾经辅导过一个非常叛逆、总是穿着奇装异服惹是生非、手臂上有4处刺青，还穿了1个脐环、1个舌环的17岁女孩。每次我和这女孩谈话，她都表现出一副事不关己的态度，仿佛生命完全和自己无关，就连和我见面也都是给父母和给我的面子。女孩的父母在她很小的时候就到南方做生意，把她一个人留在老家和爷爷奶奶在一起。每次我问及她在奶奶家的童年生活，她的回答都是"很自由""没人管我""很快乐"。

当我们的辅导进入了第二个更信任的阶段之后，有一次我又回头问及她童年在奶奶家的生活，这次她的回答和往常完全不同，她用很微弱的声音回答我说，她觉得自己从小就是个可有可无的人。放学后，和她一起玩的小朋友到了时间就有人喊她们回家吃饭，可是她却没有。她愿意回家吃饭就回家吃饭，不愿意回家吃饭也没人管她，她很自由，可是却自由得空虚，自由得可有可无。

后来，事业已经做得相当成功的父母搬回了北方，把她接回家一起同住。一家人团圆以后，出于对从小就一直没有在她身旁陪伴的愧疚和补偿心理，父母非常宠她，除了在物质上尽可能地满足她外，也给她很大的自由空间。他们不敢大声对她说话，也不敢要求她的学习成绩。有一次爸爸看见她的成绩单之后，还安慰她说，没关系，高中毕业后我们就送你去国外念书。

她恨透了父母这样小心翼翼地对她，也觉得父母嘴上口口声声说的爱都是虚假的。于是她选择用激烈的手段来报复他们，也希望用激烈的行为来引起他们的关注。最早，她只是想试探看看父母能忍受她的行为到什么程度，但做着、做着慢慢就成了无法改变的习惯。再加上她在学校落下的学习进度已经太多，就算是心有余，力也不足了。于是，她加入了少年帮派，整天逃学和欺负同学,而父母到学校或派出所领她回家的时候,就是她感到最满足和胜利的时候。

也许我们的孩子还没有用这么深度的放弃来唤醒我们对他的注意力,也或许我们的忽略还没有发展到如此严重的程度,但我确实看到很多青少年的行为问题是出于对父母的抗议,而抗议的原因可能很多,可能是父母只在乎学业成绩,而不理会他的压力;可能是父母只忙着吵架,而无视了他的感受;可能是父母工作过于忙碌,而忽略了他的存在;还有一位孩子只是因为父母道貌岸然表里不一,所以想用破坏性行为来惩罚、拆穿他们。

(2)不知道我究竟是谁?有位妈妈气急败坏地对我抱怨:这孩子完全没有自己的主意,同学让他做什么,他就做什么,一点出息都没有!

我在前面的章节中已经用了很多篇幅介绍青少年对同辈团体认同的需求和学校中确实存在的同伴压力。这里我想强调的是,青少年常常用符合同辈团体的行为表现来减轻自己的压力,尤其是对那些学习成就比较低落的孩子来说,找到一个可以被认同的方式,是对抗自己内心恐慌和无力感的捷径。所以，如果我们发现孩子的坏行为是因为这些原因所造成的，就要帮助他从其他方面取得成就，例如体育方面、艺术方面等。

（3）借着欺负最爱、最亲近的人，来消化我的挫折。其实我们都有过这样的经验，在外面受了气，又不敢和人直面对抗，于是回家对着妈妈一通大吼，或是对着爱我们的老公乱发脾气。人类都具有这种求生和自我疗愈的本能，我们通过"欺负"爱我们、让我们有安全感的人，或比我们弱势、弱小的人，来消化自己压抑的情绪。

我在为第一线销售人员培训压力管理的课程时，就常用这个理论来引导他们被"花钱的是大爷"的消费者所欺负的挫折情绪，并学会从对事不对人的角度，来看待这个情绪链模式。

在销售心理学上，这个情绪模式叫作"情绪的生态链"。举个例子来说，有位常在办公室里被脾气很大的领导折磨的中层女白领，每个星期六都会到她家附近的一家小型美容院去做皮肤护理。每次她去做皮肤护理时，都会把她在领导那儿所受的气，发泄在美容院的老板娘头上。这位美容院的老板娘，逆来顺受之余，又不敢把气发回到顾客的身上，于是，每个星期一上门来送货的化妆品公司业务员，就成了她倾倒情绪垃圾的对象。这位业务员平白地受了气之后，无处可发，于是在去商场买一瓶洗发水的时候，就把气发在试图取悦他的售货员身上。而那位在这个情绪生态链顶端的女领导，可能每天在家都要被她那18岁的女儿气得想跳楼自杀！（或者，更戏剧化一点地说，这位18岁的女孩在超市打工，每次都被像业务员那样的人欺负，于是回家就折磨她老妈！）

上述这个看似玩笑的例子，其实是现实世界中屡屡上演的戏码。对于情绪还没有完全成熟和有能力掌控的青少年来说，把在外面世界所受到的压力、挫折，倾倒在安全的、爱他的、不愿还击的、可以被他欺负的人身上，是再也合适不过的了。所以我们常常看见在学校里温温顺顺的小孩，回家后对妈妈却是另一种姿态，而一个两三岁的小孩，也早就知道在爱他的这些大人中，谁最容易被他"拿住"。

（4）因为对现实世界束手无策，所以我把头埋进沙堆里。这种现象在人际关系能力比较差或学习成绩比较差的青少年身上常常看见。由于对自己在现实世界中的表现不满意，他们于是在虚拟的世界中寻找可以立足的地方，例如，对某种音乐风格的执着喜爱；加入满世界追逐偶像的粉丝团；深陷网络游戏世界中；把自己关在房里无所事事地做白日梦等。这些投入，都不需要人际互动，只要单方面投入热情，也都不需要和人面对面、真刀真枪地比较高下，所以它们既喂养了青少年对澎湃热情的需求，也避开了他们最害怕的竞争关系。

我所辅导的一个孩子，为了追星，几乎耽误了原本就不好的学业。她隶属于一个偶像的粉丝团，只要偶像在国内有任何演出，她一定设法请假或逃课前往捧场。她省吃俭用，自卑内向，和粉丝团其他成员除了偶尔在偶像的官方论坛上聊天外，绝少见面。她把在现实世界中无法宣泄和满足的热情，完全投注到和偶像单方向的沟通上。此外，偶像的一举一动、一颦一笑，也替她实现了少女对美丽的想往。所以，在现实世界中，她不需要再做些什么努力，只要在远处欣赏着偶像，就仿佛自己已经拥有了一切!

还有些父母原本以为孩子在房间里安静地读书,但后来却发现孩子无视于明天的考试,大部分时间都对着墙壁发呆,或戴着耳机躺在床上听音乐。气极了的父母以为孩子偷懒不求上进,但其实有可能是因为他跟不上班上的学习进度,一看见课本和想到明天的考试就害怕、心慌,所以他干脆闭上眼睛,像鸵鸟一样把头埋进沙里,不去面对和处理这种让他束手无策的情境。

(5)让你们尝尝我的感受……前文中,我一再强调青少年是个"小孩的头但是安在大人的身体上的'怪物'",而这些貌似已经成熟的半大不小的怪物,却遗憾地得去面对许多激烈的压力和挑战,其中,躲也躲不掉、一翻两瞪眼的考试成绩和学习成就,就是个最难处理好的关卡之一。此外,对自己相貌身材的满意度、吸引异性的魅力指数、在学校权力阶层中的地位、父母的管教方式等,都是他得在应付艰难的学习之外的压力和挑战。

如果他没有得到适当的引导或管道去释放这些情绪

压力,那么最便捷的方法,就是找个垫背的和我一起受苦。(别忘了青少年的性格特质之一,就是自我中心和自私!)

当然,很多时候,青少年暴躁、不耐烦的行为,不过是模仿父母的情绪行为表现,或对父母加诸于他身上的情绪的反弹。所以他们有可能是一面镜子,反射了我们对他的态度和与他沟通时所使用的言语和情绪反应。

6. 父母要管控自己的情绪

也许,我们做家长的也需要学习管理自己的情绪?

我在上一章里已经提到过,青少年问题之所以比较难处理的原因之一是,青少年的父母也都正值人生中比较辛苦的阶段,所以在一家三口都有一些情绪波动时,难免无法心平气和地去看待问题,也不容易客观地去检视问题。所以,我在和"难以管教"的青少年的父母谈话时,常常会丢出这样的一个问句:"他的行为,到底是影响了谁?是他?或者是你?"

我再用一个也许大家都已经熟知的例子来说明这个

观点。

在2011年奥斯卡金奖典礼上大放异彩并得到最佳女主角奖项的电影《黑天鹅》(*Black Swan*)中,很生动地描述了这样的情节:

已经28岁的女儿,是个在纽约专业舞团中的首席芭蕾舞者,长得很漂亮,很有天分,舞也跳得非常好。但是她有一个问题,她会撕下自己的甲皮,也会用指甲抓后肩上的皮肤,所以手指和身体常被她抓得鲜血淋淋。她必须天天剪指甲,因为只要指甲一长,她就会控制不住地抓自己的皮肤,甚至每天晚上睡觉还需要戴上一双手套,以防止睡梦中不自觉地去伤害自己。另外,晚上睡觉时,她不能关上房门,因为爱她的妈妈睡前要进来看看她、亲亲她。

芭蕾舞女孩的妈妈也是位艺术家,是个曾经前途似锦的画家,但因为是单亲妈妈的缘故,她牺牲了自己原本大好的前途,专心在家培养照顾心爱的女儿。她在家里有个画室,所完成的绘画中,有百分之八一以上都是美丽女儿的肖像。

被母亲照顾和保护得无微不至的女儿很纯洁,人际交往十分单纯，从来没有性生活的经验，也不太清楚情欲是什么东西。当舞团决定演出芭蕾舞经典剧目"天鹅湖"的时候，女儿想当然地是女主角的不二人选，而她也和其他女舞者一样，对这个梦寐以求的角色向往不已。可是，在选角的时候，艺术总监却对她说：你是一只完美的白天鹅，你可以跳出白天鹅最善良、纯净、美好的灵魂；但你却不是黑天鹅，因为你跳不出黑天鹅所拥有的魅惑、狂放、嫉妒和邪恶的气质。虽然你有完美的舞技，但很可惜，你的灵魂中缺乏对黑天鹅那阴暗特质的体验。

女儿为了想得到这芭蕾舞者最高境界和最严酷挑战的角色，白天黑夜地练习舞步，可是无论她怎么努力，却总是释放不出黑天鹅那放纵情欲、邪恶妒忌的灵魂。她沮丧极了，眼看公演的日子逐渐迫近，她不仅练得脚拇趾出血、脚指甲断裂，抠手皮、抓皮肤的情况也越来越严重。最后，极度焦虑的她，开始产生了幻觉，她妄想着自己有个敌人，想象这个跳舞时比她放得开、生活经验也比她丰富得多的女孩，一直在设法抢夺她的位置，而她却毫无还击之力。距离首演的日子越近，她的幻觉也越真实。

首演的日子终于到了。女儿在舞台上绝美地舞出了黑天鹅的快意放纵和摄魂魅惑，也绝美地舞出了白天鹅因爱心碎和垂死前的绝望挣扎。当满场观众在落幕前站起来疯狂地为她鼓掌喝彩时，却发现天鹅绒黑幔下的女孩已因失血过多而气绝。原来她在上台前，在化妆室里迷乱地用刀刺向自己的心脏，好去感受那黑、白天鹅强烈的、错综复杂的情绪……

这部片子拍得很有张力，可是我更赞叹那位编剧的功力。他让我们看见一位母亲是如何强有力地运用自己的情绪来钳制女儿的人生，也让我们看见在看似伟大无私、牺牲保护的外衣之下，一位母亲可以占据多么重要和有利的位置，去实行向孩子需索回馈的实质。而且这个所需索的回馈，还不仅仅是孩子的感恩，而是孩子根本就回馈不了的、灵魂深处的情绪。

剧中，妈妈只看见女儿有撕手皮、用指甲抓身体的坏习惯，但却没有觉察，或无力觉察，或根本不愿意觉察女儿的焦虑行为其实是一种压力的宣泄，是利用疼痛来宣泄巨大压力的方法，而这具有毁灭性压力的来源，居然就是爱她胜于自己生命的母亲。对女儿来说，母亲为她牺牲了自己的事业（还一直不断地提醒她），是让她气都喘不过来的不可承受之重，而想逃离母亲去外面呼吸新鲜空气的渴望，又让她有背叛母亲的罪恶感。于是，这几乎灭顶的焦虑，终于夺走了她年轻的生命。

其实，我们每个人也许或多或少都有过这样的经验，有的时候我们撕掉指甲边缘干燥突起的甲皮，明明是已经流血了、很痛了，但我们却非要继续下去，直到实在是受不了了为止。从心理学的角度来说，人类有一种享受疼痛的心理机制，那个痛对我们来说是痛并快乐着，是可以帮助我们转移掉心理或情绪疼痛的代币。所以，有些时候我们看见孩子做一些几近自我毁灭的行为，例如，离家逃学、打架闹事、沉溺于毒品之中，也许对他来说，只有用这些"猛烈的疼痛"，才能转移掉内心深处的痛苦和恐惧。

所以，我总是告诉自己，也告诉前来求救的父母，尤其是母亲们，我们不要为了孩子而放弃自己的梦想，也不要放弃我们享受快乐的权利。请放心，我们享受快乐，并不代表就剥夺了孩子的快乐；我们追寻理想，也并不代表我们就不再是把孩子放在心目中最重要地位的好母亲。因为对孩子来说，如果他看见父母享受当下的生活和满足自身的成就，他就不会有背负所有责任的压力，也不会害怕父母把他放在舞台中央、放在聚光灯底下，让目光注视的焦点只放在他一个人身上，因为这目光的杀伤力强大到足以逼视着他的眼睛，让他宁愿再也不用张开它们来。

因此，在辅导有些行为问题或学业成绩过于落后的青少年时，我常听见这样的呐喊："老师，可不可以求你告诉我妈，求她不要再为我牺牲奉献了，可不可以让她为自己做点事，不要都为了我。而且，可不可以求她别一直对我说：我为了你这样、我为了你那样。这样我的压力会很大，大得快要崩溃了！"

我一直觉得这种呐喊，可能在从前一对父母有四五个孩子的时候不太容易发生。因为如果家里有这么几个孩子，一来，爸爸妈妈没法只聚焦在一个孩子身上；二来，当妈妈喊着"我都是为了你们时"，每个孩子都可以假设妈妈为的是你、是他，反正就不是我，所以他可以找到一个溜走脱身的地方，也不用为妈妈的辛劳而承担所有的心理责任。我想这是现在孩子生得少，以及独生子女不得不面对的问题。

所以，作为情绪成熟度比孩子高出许多的成年人，我们理应时刻提醒自己这一点，并且学习去控制我们的语言和情绪。此外，为了时刻检视我们是不是利用关心之名，而把自己的情绪强加在孩子身上，面对孩子激怒我们的行为时，我们可以问自己下面这两个问题：

- 这个行为，影响了孩子什么？
- 这个行为，影响了我什么？

如果我们觉得这两个问题不太好回答，可以试试看用下列这个表格来厘清思绪：

问题行为	它如何影响我的孩子	它如何影响我
儿子从不收拾自己的房间，里面乱得一塌糊涂	·那么脏乱邋遢，会影响精神和健康，也会影响学习 ·如果现在不学会生活自理，将来的生活也会像这样，一事无成	·我得进他房间去帮他收拾，工作回来已经够累了，还要帮他去收拾 ·我要喝水时，厨房都没有杯子了 ·家里一团乱，没准有老鼠、蟑螂
儿子偷偷在房间里抽烟	·危及他的生命健康 ·现在的烟都很贵，所以他的零用钱总是不够 ·我担心他接下来会学坏，万一跟着坏朋友染上毒品就糟了	·我讨厌烟味 ·我担心他在床上抽烟，睡着了引起火灾 ·他的衣服上都是烟味，很难洗
儿子学校又通知我到学校去谈，这是这个学期的第三次了	·他有可能被学校退学，这样要再考上大学就难如登天了 ·如果连高中毕业证书都没有，他连找个工作都难 ·他完全浪费了自己的天分	·我真的很为他感到焦虑，也很失望他浪费了家庭给他这么好的资源 ·我在亲戚朋友面前都抬不起头来

第三章
如何与青春期孩子沟通

如果我们在大街上对家有青少年的父母做个随机调查，询问他们，孩子进入青春期之后，除了长大长高之外，还有什么不同于小时候的特殊变化？我保证，十之八九的父母会说：现在他不太愿意和我们聊天了！

是呀！曾几何时，那个小时候一放学就围在我们的脚边转，还一直嚷着："妈妈、妈妈，我告诉你……"的孩子到哪里去了？为什么他现在不再告诉我们学校里都发生了什么事？为什么现在我们和他说话，他就心不在焉地敷衍我，然后一溜烟就不见了？为什么现在我只要多问两句话，他就不高兴、不耐烦，还嫌我啰唆，可是和他的同学却在电话里聊好几个小时都不嫌累、不嫌烦？我们怎么才能跟孩子沟通啊？！

一、理解"不想说话"的孩子

答案其实很简单，除了我们有时候确实因为太操心而有点啰唆之外，这和青少年心智能力的发展也有很大的关系。对这个半大不小、似成熟而非成熟年龄段的孩子来说，每天学校发生的事很多：有课业上的，有与同学相处上的，有和偷偷喜欢的异性相关的，有和最新的校园八卦事件有关的……这些远比儿童时期量大得多的信息和事件涌入后，都需要他去统合消化，而他又不像成年人那样可以在很短的时间里就消化完毕。所以很多时候，他需要回家后自己一个人在房间里安静下来想一想，厘清一下头绪。

如果这个时候，他一进门，我们就问："今天在学校里怎么样啊？"还在梳理思绪、不想讲话的他，只好回答："还行！"或"没怎么样！"我们一听，想着他这么敷衍了事，于是就不高兴地继续追问："什么叫还行！你就不能好好地和我说说话吗？"孩子那本来就已经有点乱的脑子，被我们这么一搅扰就更乱了。为了避免进一步的干扰，他戴上耳机，走进房间，把房门关上。妈妈一看，就更生气了，于是跟着他走进房间，坐在床沿边，非要让他把耳机摘下来和自己说个清楚。接下来，接下来的故事发展我们就很清楚啦！

所以，我总是建议妈妈们，当孩子从学校回来之后，只要给他一个温暖灿烂的笑容和简单的招呼，让他知道我们很开心看见他回家了，但我们不要强迫他说话，直到他准备好说话了为止。我们等待着，等待他花点时间让心情恢复，让振荡的荷尔蒙恢复，让还没厘清头绪的思绪恢复。只要我们理解他需要一些时间和空间来整理自己，之后，就能从容应对我们关心的询问，那完全不必要发生的冲突就可以避免了。

这个方法除了可以避免上述的矛盾冲突之外，还能避免掉另一个可能的冲突产生：如果他耐着性子回答了我们的问题，我们也根据他简短的回答而在还没有看清事情全貌的情况下，就快速地做了一些反应，而这反应又不是孩子所期待的答案，他在挫折之余就会反击说："反正我说了你也不懂；说了也是白说，还自找麻烦。"

例如：

我们问：今天在学校里怎么样啊？

孩子很简短地回答：今天谁谁谁特逗，被老师痛骂了一顿，还罚操场跑三圈！

我们一听，会很担心，立刻问：为什么？跟你没关系吧！你没惹事吧？！

孩子的声音开始有点烦了：你怎么每次都这样，为什么只要有人惹事就一定跟我有关系？！

我们赶快打圆场说：我不是说一定跟你有关系，我不就是担心而已嘛！

孩子的声音逐渐变得高亢：这有什么好担心的，你就不相信我能有点好事！算了，算了，不跟你说了，反正说了你也不懂！

这回该妈妈生气了：你这孩子怎么就变成这个样子了，都不让人说话啦！是不是翅膀硬啦！

……

接下来的剧情发展我们也都猜得出来了。

所以，在讨论"如何与青春期的孩子沟通"这个话题之前，我想先提出几个概念：

1. 孩子和我们一样，有权利在不想说话的时候，不说话

我儿子是个政治经济风险分析师，同时担任英国一家智库的全球市场总监职务。他的工作需要大量的脑力，也需要长时间和别人说话沟通。所以当他回到家来，我会用很愉悦的声调说："哈喽，你好吗？"他通常就会回答我说："很好，谢谢！"接下来，我们就不再说话，一直到他找我说话为止。

有一次我们都到上海出差，也正好都在差不多的时间从上海搭乘飞机回北京。那次他是去主办一场全球风险研习会，会上他除了是引言人之外，还负责一节演讲和一上午的同步翻译。那天我先到上海机场，短信联系后，我知道他十多分钟后也会抵达。十多分钟后，他走进候机室我的座位旁边，只简短地说了一句："妈妈，你好吗？"然后就比个手势示意我他要到候机室那头另一个角落去坐。我微笑地点点头。然后，母子俩就安静地分坐在偌大的候机室里的不同角落里，等候各自的飞机。

我搭乘的航班广播请旅客登机后，我接到他的短信，除了祝我飞行平安之外，还告诉我他刚才吃了点东西，喝了水，现在恢复得差不多了，已经不那么累了，我们回北京见！

如果很多妈妈羡慕我和儿子的感情好，互动好，儿子也优秀听话，这就是我的秘诀之一："尊重孩子，理解他和我们一样，有权利在不想说话的时候，不说话。"我不会、也不敢滥用自己做母亲的权利，霸道地对孩子说："有什么不想说的，对自己的妈还有什么不想说、不能说的？！"而且，从我的实践经验中，我知道，当我们尊重孩子需要一些空白的空间，也给了他空白的空间后，他不仅会很感激我们，还会像小时候那样，在需要我们的时候，围着我们说："妈妈，妈妈，我告诉你……"

2. 不想说话的背后，可能有个纠结的情绪，不要去引爆它！

我在第一章已经说明过青少年由于性激素分泌而

造成的特殊性，也解释过青少年时期比儿童时期更敏感，也更容易被同伴们影响和在乎他们的看法。再加上，面对比小学或低年级时更紧张繁重的课业，青少年心理和情绪所承受的压力自然会比儿童时期大得多。

所以，如果他在学校遭遇了不愉快，承受了必须花时间去消化的压力（很多时候甚至是恐惧），回到家来因为情绪低落不想说话，只想一个人关在房间里静一静。如果这时我们还一味地要求他说话，就等于是在原来的压力上再加诸另一重压力，而这双重的压力不仅让他吃不消，即便是对我们已经成熟的成年人来说，也是个吃不消的事。我想对于这一点，忙碌而焦虑的我们一定会有深刻的感受。

因此，如果我们已经知道孩子不想说话的背后可能有个情绪的动因，为什么还要去火上浇油，让它爆发到不可收拾的地步？

3. 他"不想说话"，并不等于"拒绝我们"

我想，担心被孩子拒绝，大概是父母们最害怕和难过的事了。我们很容易把孩子不想说话，错误地解读为他在拒绝我们，所以我们心里很难过、很伤心，很难接受自己这么爱、这么宝贝的孩子长大后，居然拒绝了我们。于是，出于这种害怕，我们就像在大海中翻船的人一样，拼命地想重新爬回船上，或拼命地抓住船舷旁的绳子，深怕一松手，我们就再也回不到船上去了……

如果我们只是单纯地被孩子拒绝，那倒还好（虽然并没有必要）。我担心的是，我们因为感觉被拒绝而生气、愤怒，认为孩子不理解父母的苦心，甚至更严重的认为他忘恩负义。这种情绪会让我们气得口不择言，或出手太重，或更歇斯底里地要求孩子不断证明他没有辜负我们。至于放任这个想法和情绪的后果，可想而知，一定是两败俱伤的局面。

4. 他现在不想说话，并不代表以后都不想说话

这一点，我想只要是家里有已经安然度过青春期孩子的父母们，看了都能会心一笑！

是的，当孩子慢慢长大，慢慢度过青春期的别扭之后，有一天，他会突然像打开了一个神奇的开关一样，

变得温和懂事。好多孩子已经上大学或大学毕业的妈妈跟我说，孩子仿佛在一夜之间成熟了、懂事了，能够体会大人的辛苦了。有一天，有个妈妈几乎是喜极而泣地打电话给我"报喜讯"说，昨天晚上她那个正在读研究生，从前绝对不做一丁点儿家务的女儿，居然自己在家帮妈妈洗好了衣服、炒了两个菜、做了一个汤，还煮好了米饭，等着她和先生回家吃饭呢！

另外，许多陪着孩子安然熬过青春期的父母，也发现孩子又开始和他们说话了，而且谈话的内容，还能让他们偷偷地肃然起敬呢。所以，请我们父母们都放松心情，少安毋躁，耐心地等待着现在还不想说话的孩子，给他时间和空间，给他温暖和理解，等他生理、心理的时机成熟之后，再欢喜地迎接那重新转过身来，又想和我们说话的孩子吧！

二、与青春期孩子沟通的原则

1. 要确认我们确实是"听见了"

跟孩子说话的时候，尤其是跟青少年说话的时候，我们一定要注意这第一个重要的原则——确认我们确实是听见了。很多时候，因为我们太担心、太焦虑他的未来，太担心他不知道应该怎么应付足以让他沉沦的诱惑，太担心他将来能不能成功地过上幸福的日子，所以就很急、很急地想要告诉他很多事情。但是我们忘了，忘记孩子在这个时候最需要的就是我们能先倾听他说话。而且，如果我们不听清楚他说的是什么，又怎么能给他正确的指导呢？

在我自己和很多青少年谈话的时候，常常发现孩子不再和父母说心里话的原因，是因为他们认为说了也没有用。孩子们埋怨：我说了她也没有听进去；或是，我才说一句话，她就已经回了我五句话；或是，我还没把事情说清楚，她就已经劈头盖脸地把我骂了一顿，那我还不如不说。所以青少年觉得最累或最委屈的事情，就是家长根本没有在专心听他说什么。

所以，这是我们要学会的第一件功课——我们得学会不着急，学会耐住性子，学会先安静地听孩子说话。

很多父母看到这里，可能也会委屈地说："我在听啊！我怎么会不听他说话呢？他怎么会认为我没有听他说话呢?"那么,这误解到底是因为什么?是在哪里出了错呢?原因就出在我们听到孩子说出第一句话的时候,马上就启动了一个机制——"他这句话说得真是让我担心"。于是,出于保护孩子的天性,我们马上就出手开始进行指导,以免他犯下更大的错误。所以,孩子说完头几句话之后,接下来的话我们就听不见了,因为我们的心思都放在急着指导他这件事上面了。

可是,我们没有想到,当我们一急着开始说话指导的时候,孩子就能从我们的语言内容、我们的脸部表情、我们的眼神和声音中,感受到他说的话并没有被我们完整地接收,于是情绪受挫的他就不愿意再说了,把本来想说的那些话给咽回去了。

我在给销售人员讲课时就举例说过这个现象。首先,我让他们想一想,为什么有的销售人员业绩那么好,而有的人非常努力却卖不出东西,原因出在哪里?原因就出在我们是不是让顾客觉得他是被接纳了。举个例子来说:

有位打扮富贵入时的女士,走近一个百货公司的化妆品柜台前。柜台内的女销售员立刻笑脸迎人地趋向前去招呼。

这位年纪大约在四五十岁的女士说：我想看看你们的除皱晚霜，我……

销售小姐一听这话，眼睛一面打量着这位女士貌似有钱人的穿戴，脑子一面辘辘辘辘地转，她想：嗯，这个人看起来蛮有钱的，我应该介绍给她最贵的那一瓶，顺便再让她买一瓶精华液，最好再多一瓶眼霜……

就在这位销售人员心思活络的当儿，发生了什么事？

首先，那位貌似很有钱的女士接下来所说的话，她都没怎么听进去（所以她可能忽略了更重要、能销售更多东西的讯息）。

其次，因为她把注意力放在自己的心思活动上，所以她的身体些微地往后仰；眼神没有表现出正在聆听的专注力；由于专注思考而使脸部皮肤的温度降低；由于专注思考而让脸部的线条紧绷。

再次，这位貌似有钱的女士觉得这个销售人员心不在焉，既没有让她感受到被热情地接待，也没有感受到自己所说的话被完全听见和理解，所以她不太高兴这种被冷落的待遇。

最后，貌似有钱的女士转身离开了柜台，销售人员也失去了销售东西的契机。

那么，会卖东西的好的销售员是怎么做的呢？

那位打扮富贵入时、年纪大约在四五十岁的女士说：我想看看你们的除皱晚霜，我……

销售小姐放下手中的工作，身体从柜台内稍稍往外往前倾，眼神专注在客人的脸上，她仔细聆听客人正在说的话，还不时表示理解地点点头，她的脸部皮肤因专注而显得略微红润，脸上一直挂着的笑容也表示了鼓励……

当貌似有钱的女士感受到了这全然的倾听和关注之后，（请留意，现代人的痛苦往往就是缺乏被聆听和关注。想象一下这幅漫画里常见的画面：先生把头埋在报纸里，对刚换新发型的太太敷衍地说：嗯，很好看！）不仅销售小姐给了她美好的一天，她也会回馈给销售小姐美好业绩的一天。

好了，看完这个例子，有些父母可能会想，凭什么要我耐住性子，要我做这么多的努力？我是他的父母，难道还要我们依着他的性子，看他的脸色说话？回答这个凭什么的原因很简单，因为我们是心理能量和情绪成熟度都比孩子高出许多的成年人，在让一个孩子耐住性子和让我们耐住性子之间做比较的话，我们做起来当然要容易得多。再说，我们担负了养育孩子的责任，只要是有利于孩子身心健康成长的功课，我们自然都得责无旁贷地去学习。

2. 不要急着下判断

凭良心说，自认为见过世面，认为自己吃的盐比孩子吃的饭还要多的大人们，特别容易犯这个骄傲的错误。我们很容易在还没有了解事情的全貌之前，就立刻片面地做了判断。这是我们在辅导青少年问题时临床上容易看见的第二个亲子之间沟通上的错误。

举个例子来说。

15岁的儿子星期六下午跟同学出去了。傍晚回家后，妈妈说，你去哪了，怎么这么晚才回来？儿子说，没有去哪,就是跟几个同学聊天去了。妈妈马上说,去哪聊天了?是不是又去打游戏机了?你们成天就知道玩,就知道上网玩游戏。明明就只是和几个同学一起在泡沫红茶店聊天,安慰一个刚刚和女朋友分手的同学的儿子,气得把背包往地上一摔,大吼着对妈妈说,你又知道我去打游戏机了?你看见啦?然后砰的一声,甩上了房门。

吃晚饭的时间到了,妈妈朝关上的房门里喊儿子出来吃饭。儿子没开房门,直接从里面回答说,待会儿,我现在还不饿。妈妈一听,气坏了,心想,好啊,你还有理了,刚才冲着我喊,我还没跟你算账,现在你还有理,还闹脾气不出来吃饭了。于是,上前一把打开房门,冲着儿子兜头就骂。哪知道儿子不出来吃饭的原因,只是因为还继续在电话里安慰那个失恋的同学。

我们先姑且不谈青少年是不是应该谈恋爱,或儿子是不是应该为了在电话中安慰同学而不出来吃晚饭,我们只是先来看看,因为我们先入为主的主观判断,而引起的不必要的亲子冲突,以及因为这片面主观的判断,而错失了一个可以辅导孩子、与孩子沟通的大好机会。

如果我们把上述的情景倒退,改换另一种沟通方式,看看结果会有什么不同:

15岁的儿子星期六下午跟同学出去了。傍晚回家后,妈妈就事论事地说,你去哪了,怎么这么晚才回来。儿子说,没有去哪,就是跟几个同学聊天去了。妈妈心平气和地说,哦,就聊天啊,什么话题可以聊那么久呀?儿子耸耸肩说,有个同学和他女朋友分手了,心情不好,我们安慰安慰他。妈妈还是心平气和地说,哦,为什么分手呢?儿子有点愤愤不平地说,被他女朋友的妈妈发现了,他被老师骂得好惨,那女生的家长还差点逼他转学呢!妈妈语气温和地点点头,表示同情地说,嗯,是蛮惨的,那你们都能理解那个女生的妈妈为什么会这么生气吗?你们是怎么安慰他、劝他的呢?

接下来,这位妈妈就可以话赶话、理性而温和地让儿子理解做父母的想法和心情,以及如何处理好、把握好和异性之间的关系。

　　和孩子说话时不骤然下断语，给他交代事情全貌的机会，信任他有处理和判断问题的能力，这对凡事要求公平、对公平正义极度敏感的青少年来说，是一种被尊重的感觉。他们需要这种来自父母和师长的信任与尊重，好建构对积极自我价值的认识。如果他们总是得不到这些信任和尊重，比较幸运一点的父母们，孩子可能顶多只是把和父母沟通的门暂时关上；可是不那么幸运的父母们，孩子可能就在屡屡失望之后，自暴自弃地失去了对自己的期望。

3.要让他敢于对我们说真话

　　去年，我在一个研讨会上认识了一个男青年，他已经大学毕业多年，也已经开始创立了一个很小规模而且也很艰难的事业。有天晚上，我在和研讨会上的几个年轻人聊天时，他也在座。会后，他来找我，告诉我一个他苦恼已久的问题。这个问题是他在念大学时犯的一个错误，错误一直没有被很好地解决，而延宕至今的结果，是已经至关重要地影响了他今后的前途和可以做的人生选择。

我听完那个他曾经犯下的错误之后，轻声问他，你父母知道这件事吗？因为我确知，这个错误虽然重大，但完全是可以被解决的，而且对成年人来说，也是不难通过努力而很好地去处理和解决的。

他摇摇头说，没有，我没敢让他们知道，因为他们知道了一定会非常生气。

我当时立刻非常心疼地想，对一个才刚上大学的年轻人来说，这么重要的一个错误，却没人可以哭诉或求助，只能把它埋在心里隐藏了这么多年，这期间，这孩子得是多么害怕、焦虑、无助和艰难啊！如果他父母现在和我一样知道了这件事，该会是多么心疼呀！

隔天傍晚，当我回到北京的家中，看见我儿子之后的第一句话，就是问他：儿子，你有没有什么秘密一直瞒着我们、不敢告诉我们啊？如果有，赶快告诉我，千万别自己痛苦地藏着，这样我会难过得心疼死了！

所以，如果我们不想让孩子不敢对我们说实话，也不想逼他走到求助无门的景况之中，我们必须做到：

- 拥有一个开放的思想和心胸。理解、接纳年轻人的一些想法和作为，与时俱进，不要一味地固守我们所相信的真理和价值观，把属于我们那个年代的规律、规范，强加在生活在现在的孩子身上。
- 允许他偶尔犯错，就像我们自己也偶尔会犯错一样。
- 理性地管教责备，但不是歇斯底里的殴打怒骂。那样只会吓坏了孩子，让他再也不敢对我们说真话。有些父母会把自己在生活中的挫折情绪转移到没有还击能力的孩子身上，只要孩子犯了错，他们就像水库泄洪一样，把所有的愤怒倾泻而出。这一点非但对孩子不公平，也会封住他们向我们倾诉的嘴。
- 不要翻旧账。事情过去了，就过去了，处罚完之后，不要动不动就翻旧账羞辱、刺激他，或因此而不再相信他。妈妈们尤其容易有这种情况，只要孩子一有点让自己不高兴的事，就马上把八百年前的新账旧账一起挖出来重新骂一遍。孩子通常对这种事都很无奈和崩溃,所以就尽量把事瞒着,免得总是被"秋后算账"。

• 让孩子清楚知道,我们对事不对人的态度。我们管教责备他所做错的事,但并没有收回我们对他的爱。我曾经在某个饭桌上惊骇地听见一位父亲对电话那一头的孩子说:算我倒霉,生了你这么个孩子!

4. 请给他"回嘴"的权利

和孩子沟通的时候,我们难免会遇到一个问题——他会回嘴。绝大多数的父母对孩子的回嘴会特别怒不可遏(我自己也一样!),因为我们觉得被孩子挑战了做父母的权威。所以,孩子回嘴,就像是在我们的气头上火上浇油,因而导致更激烈的冲突,甚至是不可控制的身体处罚。

但是我常对自己说,也想跟父母朋友们说,其实孩子回嘴是有必要的,而且我们也是有必要去听的,因为他有申诉的权利,而我们也有了解事件全貌的需要。想想看,如果我跟你吵架,你连话都不让我说,就直接判了我死刑,这是很不公平的。很多妻子,包括我在内,最痛恨的就是有矛盾时，先生不说话。他不跟你说话、不跟你吵，因此也让你失去了申诉自己的委屈或责怪他的机会。这让人非常难受，让人觉得自己的委屈全被卡在喉咙里，让人觉得不是一星半点儿的冤！

孩子也是一样。也许他确实是做错了事，但做错事的原因可能有些复杂，可能有些不得已的难处，他可以接受处罚，但处罚之前他得有为自己申辩的机会，就像是法官在法庭上审理犯人，在判刑之前总要让辩护律师有为被告申诉的权利。如果法官像我们一样，对着犯人说：你这是什么态度，你做错事还有理啦？你还辩解啊？那么这位法官可能没多久就会被弹劾下台了！

如果深究我们对孩子回嘴生气的原因，除了是感觉到自己的权威被挑战之外，还有就是觉得孩子不尊重我们。这个权威被挑战和不被尊重的感觉，更多的是来自孩子的肢体语言和眼神。孩子可能像头自卫的豹子一样拱着肩；像发怒的猫一样狠狠地斜睨着眼；像受伤的狮子一样龇牙咧嘴……我们于是感到被威胁、被挑战、被蔑视，其实，他回嘴的内容可能并没有激怒我们，而是他的态度激怒了我们。

对于这一点,我一定要帮孩子们说说话。

人类具有一种与生俱来的能力,这个能力帮助我们在面对不论是身体上或情绪上遭遇到突如其来的威胁或攻击时,在恐惧的心理作用下,所行使的自卫和反击的能力。我们因为拥有这个由肾上腺所分泌的肾上腺素而产生的自我防卫能力而得以存活,但肾上腺素大量分泌的后果,也会造成身体上的一些反应:例如:满脸通红,眼神肃杀,汗毛悚立,全身颤抖,咬牙切齿,肌肉紧绷,以及可能因为交感神经受到肾上腺素的刺激而产生的不可控的、看起来像是无所谓的挑衅行为的咯咯笑……有个高中三年级的美国男孩,屡屡在学校被肌肉壮硕的橄榄球体育老师体罚,有次甚至被打到差点发生脑部出血。男孩的父母一纸诉状把体育老师告到法院,并提出一份权威神经内科医生的证明,证明男孩那被体育老师误认为挑衅的咯咯笑,其实是因为他受罚时太紧张害怕,因而启动了肾上腺素分泌,刺激了交感神经,才引发了他自己都控制不住的咯咯笑。

所以,当我们处罚孩子、孩子也试图申辩时,他肢体上的表现和脸部表情,并非是对我们的轻蔑,很多时候，他不过只是试图在武装自己，好保护那怕得半死的心。（同样地，当我们责骂孩子的时候，我们也启动了自我防卫机制，也分泌了肾上腺素，也刺激了交感神经，也满脸通红，也咬牙切齿，也眼神肃杀，也肌肉紧绷，也充满了蔑视和挑衅！）

所以我建议，除了给孩子为自己申辩的权利之外，如果在责备他的过程中，看见孩子表现出这些情绪时，要赶快捏自己一下或做个深呼吸，不要被这个并不代表他真实情绪的面具所激怒，绕开它们，不要被它们激怒。如果我们真的能跳脱开来，作为冷静的第三者，看到拿出这个面具后面那个受伤的心的时候，我们就会柔软下来，因为这是我们最爱的人，我们为什么要让他用这个机制来保护自己？

5. 不要还像对儿童那样，过度保护或不让他知道真相

很多时候，父母们出于好意，但却常常适得其反。我们的过度保护或粉饰太平，只会让孩子觉得我们不够信任他面对危机的能力；或是拒绝他，不把他当一家人，而像外人一样虚假对待。

请看下面的案例。

最近爸爸所服务的公司遭遇了巨大的财务危机，必须裁减至少一半以上的员工。爸爸因为职务的原因，首当其冲，成为第一批被裁撤的人员。更糟糕的是，由于现金流吃紧的问题，爸爸连离职金都没有拿到。这件事发生以后，爸妈的情绪都很坏，一方面担心每个月固定支出、为数不小的房屋贷款缴不出来，另一方面又对自己的遭遇愤愤不平。

由于女儿参加高考的日子逐渐迫近，爸妈决定不让她知道这件事，以免影响她读书的心情。可是，一来家里就只有三个人，二来家里也就只有这么点大的地方，因此，任何一个人的心情都不可能被完全隐藏，更何况是两个对女儿来说意味着心理支柱的大人。女儿从爸妈低落的焦虑但又故作无事状的神情，和他们总是偷偷地在角落讲电话的动作中觉察到了异样，她很担心，于是问妈妈家里是不是发生了什么事。

妈妈说，没事，没事，大人的事小孩不用管这么多，你只要专心学习就好。女儿从妈妈那里得不到答案，回到了自己的房间，不可能没事，也不可能就此专心念书。她开始变得焦虑担忧，脑子里想象着各种可能发生的坏事情，越想她就越害怕，越想也就越没法专心看书。就这样浑浑噩噩地过了几天之后，有一天姥姥到家里来，从偷听姥姥和妈妈的谈话中，她终于知道了真相。知道真相后的她，气得从房里夺门而出，不管妈妈和姥姥在后面的呼喊，流着眼泪一直往大街上跑去……

女儿为什么会有这个反应？原因可能是以下这两个错综复杂的情绪搅在一起：

一是她很害怕。害怕自己的家就要分崩离析；害怕房子被银行查封拍卖；害怕即便考上大学，家里也没有钱供她上学；害怕自己再也不能像现在这样无忧无虑地生活；害怕父母不具有解决当下困境的能力和方法。以上这些是她还没有完全成熟的心智，所引发出来对未来的害怕情绪。

二是她很生气。生气父母不信任她已经长大，还把她像不懂事的孩子一样对待；生气父母把她排斥在解决问题的圈子之外，拒绝她为家庭做出贡献；生气父母欺骗她，把她蒙在鼓里，让她像个傻子一样。以上这些是她已然脱离孩童时期的心智所引发出来的因自尊自信的受挫而产生的情绪。

那么家长应该怎么避免事态往这个方向发展呢？

首先，开个家庭会议，把爸爸被裁撤的事实，就事论事地告诉女儿。

其次，告诉女儿不用太担心，因为面对这个困境，爸妈已经想出了解决的方法。例如，以爸爸的专业，不难找到新的工作；就算一时半会儿还没有找到，银行里还有存款；爷爷奶奶和姥爷姥姥在爸爸还没固定收入之前会帮忙还房贷；妈妈的工资收入足以应付家用开销；爸爸已经托了从前的同事，张叔叔答应会帮爸爸想办法在自己的单位找工作……

再次，告诉女儿，爸爸妈妈都是历经风雨的成年人了，我们很有自信，一定可以解决目前的困境，绝对不会让家因此而分崩离析，让她没法完成学业。所以希望她还是要把心思放在学业上，好好地应对高考，因为对这个家来说，这才是最关键的。

最后，请教女儿。从日常生活中，爸妈观察到女儿对事情很有自己的看法，也很有解决问题的能力，请她给出建议，有没有什么是爸妈没有想到，但她认为是可行的、可以改善目前的困境的。（说不定女儿会建议，把她的零用钱减少，她可以少用手机；大家都先不用车，坐地铁公交，以节省越来越贵的油钱；她可以不再去补习，可以自己在家学习，以省掉昂贵的补习费等）

所以，和孩子的沟通原则就是：告诉他，事情的真相是什么（接纳他）；告诉他，我们有哪些解决的方法（释放他的焦虑）；告诉他，他是安全的（维系他的安全感和对父母的信任）；最后，告诉他，他的参与对我们而言是非常有价值的（信任他、尊重他）。

这几个原则不仅仅只是适用在我刚才举的例子上，任何家庭中所遇到的事情，不一定非是困境，有的时候是抉择，例如，爸爸要不要接受一个到外地去的新工作；要不要把现在的房子卖了，换栋新房子；妈妈要不要离开有外遇的爸爸等，都可以运用这个方法来得到青少年孩子的参与，最重要的是保持和他之间无碍的沟

通。(对于低年级的儿童来说,他们可能还不具有面对困境的心理承受能力,所以以上方法并不适用)

6. 如果沟通的门已经关上,用"请教",来重新打开这扇门

只要有妈妈跟我说,我的孩子已经不再跟我说话、不再跟我沟通了,我应该怎么办呢?

我就会说:你去请教他。去找一个问题,而这个问题真的是困扰你的问题,然后你跟他说,妈妈看你平常跟同学相处都挺有主意的,而且很多时候你做的判断都很正确。妈妈现在有这样一个问题,你觉得如果你是我的话,你会怎么做。

或者,我们可以请教很会玩电脑的儿子怎么用一个你新装的程序,或怎么下载音乐。但是我们一定要记得,请教孩子时一定要诚恳,他教我们的时候,例如怎么下载音乐,我们要很专心地听,千万不要为请教而请教,那样就会变得很假。现在的孩子都很机灵,如果他感觉出来我们是刻意地在做这件事,他就会觉得有被耍弄的感觉,反而弄巧成拙了。

请相信我，孩子求之不得我们去找他。如果我们确实有困难需要他帮助，尤其是在"出主意"这件事上的帮助，他就会觉得：第一，你把我当成大人；第二，你信任我；第三，你承认我的能力；第四，我对这个家是有贡献的；第五，我深爱的爸妈因为我的帮助而解决了困难。这五点对亟须建立自我价值的青少年来说，无异于核子能源的威力。所以我教过很多青少年父母这一招，而且结果都特别管用。

当然，我们去求助或者求教于他，他所回答的方法也许会让我们觉得有点幼稚可笑，但我们决不能讪笑着说："你这是出的什么馊主意，这样是绝对行不通的！"我们要尊重他的建议，采不采用我们可以自己做决定，但一定要虚心聆听，因为这是打开沟通之门的一把很管用的钥匙。其实，这也是我和我先生常常用于和儿子沟通的方法，我们会发自内心、很认真地请教他："如果是你，你会怎么做？"然后，他也会很诚恳地告诉我们他的想法和建议，因此，这扇沟通的门在我们之间就从来没有关闭过。

我知道，以上我列举出来的这六大与青春期孩子沟通的要点，对父母来说个个都是需要学会控制情绪以及必须付出努力的功课，我自己也一直在往这个方向努力的学习之中。不过，为了给我们自己打气，也为了我们能继续坚持这个目标，我们可以这么告诉自己：

• 如果我们不保持沟通管道的畅通，当心智还没有完全成熟的孩子遇到问题时，只能带着问题去求教于心智也没有完全成熟的同伴。那么，问道于盲的结果，可能会让问题变得更糟，也可能耽误了孩子。

• 如果我们不能提供一双温暖、柔软、开放、宽容的手臂，那么当孩子行经人生最容易走上岔路的路段时，就没有一双手可以引导他避开前方坑洞，也没有一双手可以让孩子紧握着在面临人生彷徨时足以依靠。因此，我们有责任去保持这个管道的畅通。

• 很多时候，我们从和孩子的沟通中学习到了很多新的东西，也获得了很多快乐。在沟通的过程中，并不仅仅只是我们给孩子提供了这样、那样的帮助，孩子也为我们打开了看见新世界、了解新观念、增加新知识的窗户。为此,我们要心怀感激。

- 最后,通过学习和孩子的沟通技巧,我们也学会了更能觉察自己情绪的方法和学会拥有控制它们的能力。也就是说,孩子给了我们一个自我成长的机会。为此,我们更要心怀感激。

第四章
我的未来不是梦

我的高中生涯过得十分苦闷。我曾说，那段日子可能是我至今五十多年生命岁月里最苦闷的阶段，甚至要比我初创业时财务困窘的那段日子还要苦。这段苦闷，影响了我没有进入名牌大学，影响了我将近二十年的缺乏自信，甚至还差点影响了我的前途。

一、我苦闷、痛苦的高中生活

小学和初中，我都在家附近海港小城的小学校里念书，每个学期末，不是拿到全年级第一就是第二的奖状和丰富的奖品回家。读书、拿高分，对我来说，是再轻而易举不过的事。初中以全校第一名的成绩毕业后，通过激烈的中考，我顺理成章地考入了高雄市最好的重点女中，和来自全高雄市，以及高雄市周边城市的女尖子们，顶着头上骄傲的光环，一起进入了人人称羡的"高雄女中"。可是，从进入高雄女中的第一天开始，也就是我青涩的青春期幻灭的开始。

高雄女中的"学号制度"，是摧毁我的"杀手"所亮出的第一把尖刃。

这个学号制度已在高雄女中行之有年，在总共5位数的学号中，最后两个号码代表了你的入学考试的成绩名次。例如，如果你的学号后两码是25，那就代表你在这个班的入学考试成绩排在第25名。那么，在全班50名学生中，就有24个人的成绩比你好，在全年级10个班中，就有240个人的成绩比你好。所以每个高雄女中的学生都有一个习惯，在走道上看见迎面走来不认识的同学时，第一眼先看看她的学号，好估量彼此之间的实力！（我发誓，走道上遇见老师时，他们也会先看看你的学号！）

所以，当我带着小城市毕业第一名的光荣成绩进入高雄女中，却发现自己的学号是第22名，意识到仅仅在一个班级中，就有21个人的成绩比我强，这对向来站在高处的我来说，不啻是个"终于知道自己原来也不过尔尔"的晴天霹雳。而且，我们班上那些学号在05以内，或10以内的同学，基本上已经把我们这些20名以外的人，划入"不具竞争力"的族群中，因此连正眼都懒得瞧我们。

根据我不完全的统计结果，我发现考进高雄女中时的学号排序，相当程度地反映了3年后考进大学的排序。也就是说，那些学号在05以内的同学，进入名牌、重点大学的比例确实远远高于我们这些学号在20、30、40以后的"笨学生"，而我们这些笨学生，也颇认命地知道自己的位置，3年后也就庸庸碌碌地挤进了排名中、后段的大学。

多年后，当我已逐渐找回自信，也开始关注青少年的学习问题后，我才理解这并不符合教育原则，甚至还是很残忍的学号制度，其实是在我们还没有完全认识自己之前，就盖棺论定地给我们戴上了一顶很权威而又不容易摘下的帽子，让我们这些对自己、对未来还懵懵懂懂的青少年，糊里糊涂地就按着帽子告诉我们的信息，认同了自己的身份和价值，同时也让周遭的氛围压抑着我们无法自由成长，发挥也许更大的潜能。

这个多年后仍然被我"痛恨"的学号制度，也就是我不断地在几本书里或在不同的演讲场合中，一直大声疾呼并强烈警示的"标签理论"——当我们脑门上被别人贴上了一个标签，每天早上起床后，我们在镜子里都会看见这代表别人眼中的自己的标签，看着看着，日子久了以后，我们就相信了这个标签，相信自己就和这标签所形容的一样。于是，我们开始修正自己的思维和行为，以便去符合这标签所代表的意义。

因此我们看见，好学生在四周充满鼓励和期许的氛围中，拥有"相信一定会成功"的动力，于是继续成为好学生；笨学生在四周充满责难和质疑的氛围中，怀着"不知是否会成功"的恐惧，继续成为笨学生；而坏学生则在四周充满怒骂和唾弃的氛围中，抱着"反正一定不成功"的自暴自弃，继续成为坏学生。于是，这些原来并不完全符合标签所提示的意义的孩子们，用具体的结果，落实了贴标签的权威者的预期，也就错过了答案也许并不相同的可能性。

所以，在关注孩子的学习问题之前，我们是不是应该先深思和反省自己是否正对孩子做了些什么或说了些什么？

紧接着学号这第一把尖刃之后，随之而来的第二把尖刃，是来自小城市"土包子"的自惭形秽。

我到现在还能看见自己第一天在高雄女中上课时的情景。我的个子高，因此被安排在教室最后一排的左边角落里。第一天上课照例要选班长和各个分组组长，我怯生生地坐在角落，一个人也不认识，只能看着那些从高雄市几个明星初中一起考上高中的同学们，自成几个小圈子，熟稔而自在地嬉笑攀谈。而班上那曾经必然属于我的几个"领导"位置，也完全不再有我插足的空间，只能属于那些在我眼中又时髦、又漂亮、又聪明的来自大城市的明星同学们。

我于是开始厌恶自己的身材，厌恶自己那曾经被小城市的同学们羡慕的高挑纤瘦。我讨厌自己太高，于是总是含着胸走路；我讨厌自己胸部太小、太瘦，于是更含着胸走路。我还记得，当我看见聪明漂亮的班长的白上衣内隐约露出的胸衣的蕾丝花边时，回家后，就简直没法再看一眼自己穿的那件平庸寒碜的棉布胸衣。我自卑到了极点，也不快乐到了极点，终于有一天，我发现自己已经没办法再像从前那样，心无旁骛地读书了。

为了补偿我的自卑心理，我一头缩进了哲学的世界里，成为校园里孤芳自赏、特立独行的"竹林七贤"成员之一。我们这七个人，清一色的都是高瘦个子，都长得平凡平庸，书都念得不够好，可也都恃才傲物。我们读遍了风行当时的西方存在主义文学著作，自以为读懂了但事实却不尽然的加缪、卡夫卡等大师的哲学思想，我们陷入在自我满足的心灵世界的假象之中，其实只是因为不敢抬头面对真实世界里的失望与挫败。

为了抒发心中澎湃的情感，我把对文学、哲学的感悟写在每周的周记中，然后，每周四发周记本时，就满心期待着能见到导师赐给我几句嘉赏的话语。但事实总是与愿望相违，我不仅没得到导师的嘉许，反而在一个周一的早晨被辅导老师叫进了辅导室去谈话。辅导老师没有夸奖我机敏聪慧的才情，她只是很严厉地教训我，警告我再不好好念书，就没有大学可上了。而最可恨和可悲的是,全班同学都知道我被叫进了辅导室,也都知道那个自以为是才女的可怜虫,被辅导老师打醒了黄粱大梦,而且还被狠狠地尅了一顿!

多年后我也仔细地回想过,如果班导师当时肯鼓励我几句,如果他告诉我,我有那个年龄的孩子难能可贵的思想和才情,只要我努力读书,拼个3年考上好大学,一定就能把我的这些优点发挥得更好,让我的才情更上层楼,那么我的求学生涯会不会就此改观?我也想,如果那辅导老师真懂得学生的心理,肯耐心地看看我的文字,告诉我她欣赏我的思想,但也让我明白考试制度虽然残酷却是必须的,如果她肯帮助我冲破心理的障碍,看见自己的优点,我的求学生涯会不会也就此改观?

可惜的是,当时我的导师和学校辅导老师都没有这么做。于是,愈发自卑的我,渐渐落下了更多的进度,除了语文和英文一直保持着优秀的成绩之外,其他的功课足可以用一落千丈来形容。终于,摧毁我的第三把尖刃出鞘了!

任何在以升大学为唯一目的的高中念过书的人,应该都知道模拟考试的威力和其可怕的程度。我们从升上高二的第一天开始，就每天与模拟考为伍。那时，高雄女中"每天"要上9节课，第9节课就是小型模拟考；而每周五的一整个下午，就是中型模拟考；每个月的最后两天，就是"仿真"的大型模拟考。我们班导师非常认真，每天早上走进教室之前，我们就会知道昨天的模拟考成绩。而这也是我每天都想逃避或让我很想干脆进教室之前就突然死掉的噩梦！

为了警醒我们这群不知长进的学生们，导师每天早上一手拿着成绩表、一手拿着根小棍子，守在通往教室门口的台阶上。每一个走进教室的学生都得经过他的眼前，也都逃不过他的"朗声"宣告："某某某，嗯，很好，650分，台大！"（笑眯眯）；"某某某，要加油，580分，东吴大学！"（略微收起笑容）；"金韵蓉，不像话，480分，没有学校！"（除了吹胡子瞪眼之外，外加一记小棍子打在脑袋上！）

我们导师的小棍子专打我这种在大学录取分数线边缘徘徊的学生，以及分数只能上得了私立大学的学生，而我们这群"害群之马"（导师常挂在嘴边的语汇，意味我们把他负责班级的录取率给拉低了!)面对这种"自作孽不可活"(导师另一个常用的语汇,意味我们不学好,终究要亲手毁掉自己的人生!)的管教,根本投诉无门,只能各凭本事杀出一条血路来。于是,有胆量有气魄敢反叛的同学,交男朋友、逃课;没胆量没气魄不敢反叛的同学,例如我等之流,就只好把头埋进沙堆里,在文学和哲学中寻找可以蜷窝栖息和舔拭疗伤的地方……

不过,现在回顾我悲惨的高中生涯,其实也有很幸运的地方。

幸运之一,是我生长在一个很幸福和乐的家庭,父母都很慈祥温和,以及很重要的,是他们生养了四个孩子。我父亲是这六口之家唯一的经济来源,所以他每日忙碌于工作;我母亲除了操持一大家子的家务之外,还有四个分摊她注意力的孩子。所以,我逐渐落后的学习成绩并没有在第一时间就被他们发现,他们没有盯着我的成绩天天骂我,也没有把我和亲友邻居家的同龄孩子去做比较,因此我有温暖宽松的家庭空间来调适自己并努力追赶。此外,更重要的一点是,相较于我的兄姐,在爸爸妈妈的印象中我是个学习优秀、自己懂得上进、不需要操心的孩子，所以他们给了我全然的信任，而这份全然的信任，就是我最不敢，也最不能辜负的动力。

我幸运的第二个地方，是当时并没有电脑这个东西存在。因此，当我试图把头埋进沙堆里逃避现实时，没有网际网络或游戏软件这些东西来引诱我。那时唯一能让我逃避并找寻自我价值的地方，就是书本。所以高中的前两年，完全可以用埋进了书堆里来形容我的状况，不管是存在主义著作、西方翻译小说、中外古典诗词、经典古籍甚至琼瑶的爱情小说，都是保护我的巨大安全伞，而这些大量并涉猎广泛的阅读，也成为我生命中像呼吸一样自然的能力，并成就了今天的我。

我在初中时扎实地打下的英语和语文基础，是我幸运的第三个部分。当我从高三上学期的第二次大型模拟考之后幡然醒悟，能支撑我在茫然无措中找到一些些能继续往前走的动力和自信心，以及让我那"势利眼"（当时年轻的我们是这么认为的）的导师没有放弃我的原因的，就是我总拿高分的英语和语文这两门科目。而我之所以能吊着车尾挤进当时录取率只有 17% 的大学窄门，就是凭着几近满分的英语和只差不到10分满分的语文成绩。

如今，我回头再看40年前的往事，除了总结了自己的幸运之外，也看见了自己其实可以更幸运，但事实并不幸运的好几个关键时刻，而这些原本可以轻易帮助我渡过难关的关键时刻，就是我书写这个章节的最主要动机。因此，如果您现正读到此处，不管您是孩子的父母亲或是师长，甚至是孩子本人，我都希望我的下述总结，能带给您一些可资思考的东西。

二、帮助孩子平稳度过人生的关键期

1. 了解、理解青春期孩子的学业压力

（1）学习成绩是孩子的心理标尺。孩子学习成绩不好时，他们可能表现出毫不在乎的态度。其实，他们心里是很彷徨害怕，也很羞辱的。

我不是个容易做噩梦的人，但只要我做噩梦，梦中的情节十之八九都和考试有关。我最常见的噩梦内容是，考试时怎么赶着写都答不完那密密麻麻的试题，或

从老师手里拿到考卷时发现只考了几分。试想，我距离最后一次学校考试起码已经有近三十年的时间，可那考试所带给我的"创伤"，却仍然在我的潜意识里占据着如鬼魅般重要的位置。

从我个人的经验，以及从我辅导了那么多青少年的经验中，我很清楚地知道，当我们考试考得差了，或自知跟不上学习进度时，我们心里是很慌张害怕的。我们当然也想抬头挺胸考得很好让人夸奖，也都希望自己能考得上好大学，我们并不是天生就愿意低人一等，或让人瞧不起。所以，当我们慌张害怕的时候，好想有人来帮帮我或扶持我，告诉我应该怎么调整呼吸，怎么一点点地追上同学。可是如果，你们大人不分青红皂白就一直骂我，认为我不上进、不用功，我就会觉得很无助，觉得在学习和考试已经都那么大的压力之下，还要背负着另一重让我呼吸更加困难的压力。所以有的时候我就想：算了！算了！过一天是一天吧！

（2）分数与学习努力度不绝对成正比。根据认知心理学的研究，残酷的现实是：不是"只要努力学习，你就一定能考高分"。

孩子从儿童期进入青春期之后，在各种生理心理的发展变化中，有一个被教育学家用来作为教学设计依据的心智变化进程，那就是"认知能力"的变化。一般来说，青春期的孩子已经比儿童期时发展出具有思考抽象问题的能力。例如，儿童期的孩子需要借由看见实体、图片或玩游戏来学习新知，但青少年不需要经过这个具象的过程，他们可以凭着想象去思考一个东西、去理解一个东西，这是脑部认知能力的变化和进步。所以，所有的中学课程，从初中、高中开始，课程的设计都是基于这个基础。因此，不管是微积分、几何、代数、物理、化学都牵涉到需要运用抽象思维能力的范畴。

但现实的情况是，并不是同一个班级里同年龄的每一个孩子到了青春期以后，抽象思维能力的发展都是以相同的速度来完成的。在同年龄段的孩子中，不论是在生理发育或心智发育上，大家都只是在一个较为宽泛的正常范围之内发展，而这个范围的区间可能至少有 2~3 年的跨度。此外，每个孩子的左右脑发育进程也不一样，有的左脑优于右脑，有的右脑快于左脑。所以，在同一个班级中，或同一个年级中，一定会有某些孩子的心智能力发展得比较快，某些孩子则需要稍微长一点的时间，而这发展的速度和遗传有关，和成长环境、健康状况也有关。

现在让我们来想象一个情况：今天老师教了新一章物理课程，这个新课程需要运用高级的抽象思维能力，全班同学也都很注意地听课。班上 50 个同学中，有 30% 的同学在课堂上立刻就听懂了；有 40% 的同学回家后研读研读也明白了；可是还有剩下的 30% 的同学，即使回家研读了半天，却还是没有完全明白。第二天，物理老师又继续教了另一章新的课程，前面那 70% 的同学，此时也许又被刷落下了 5%~10% 的学生，而昨天就没怎么听明白的同学，此时就更不明白了……

怎么办呢？我们又不能让老师停下来等所有学生都明白了再继续往下教，而且目前国内一个班级里至少有 40 名以上学生，我们也不能要求工作量已经很大的老师留意到每一个学生的理解程度。所以，应对这个问题的责任只能由学生的家长来承担。

（3）决定学习成绩的因素。决定孩子学习成绩的因素很多，不是只有"用不用功"那么单纯。

我在之前的章节里已经用了很多的篇幅解释了青春期孩子在生理、心理上的种种发展变化和特征，这里我不再赘述，只是想提醒父母和师长们：学校并不是一个受保护的、密闭的真空罐子。孩子进了学校，就等于进入了一个微型的社会，所有成年人在社会上所经历的人际关系，孩子在学校里也一样会经历。而且由于他们的心智还没完全发育成熟，情绪比成年人更敏感、更脆弱，所以在微型社会里遇到的人际交往困难，反而会比大人来的更多，影响力和冲击力也更大。

曾经有个我辅导的、正在接受精神病药物治疗的高中女学生告诉我，她之所以不想上学，是因为和班上的另一个女孩之间有矛盾。她们两人同时都喜欢学校的一位男同学，这位男同学也在她们两人之间举棋不定，一会儿对她表示有意，一会儿又见他和另一位女同学在一起说说笑笑。为了这个日渐白热化的竞争，她们之间闹得越来越僵，班上同学也乐得在一旁传八卦、看热闹。

有一天，和她竞争的那位女同学使出了撒手锏，她送给班上每位女同学一个拴在手机上的漂亮水晶吊坠。这个举措为她赢得了舆论的走向，同学们开始选择在这场竞争中倾向送礼的女生那一边。

我辅导的女孩变得非常痛苦孤独。在学校里，她总是感觉好像听见同学们在她背后窃窃私语评论讥笑她，有时只要她试图趋近几个在一起聊天的同学，她们就好像很有默契地马上散开。她开始听见越来越强、越来越清晰的讥笑声，甚至上课时也感觉老师注视她的眼光变得不一样了。她完全没法静下来听课，也完全没法静下来念书，她开始失眠，早上起不了床照例要被气急败坏的妈妈数落一顿。极度无助的她（以及开始有妄想症状的她），最后选择自救的方法是"逃离"。她没有勇气逃离生命，只好选择逃离清醒的理智，好让那伤人的世界不再伤害自己。

（走笔至此，我要再絮叨一次，父母和孩子之间保持温暖畅通的沟通管道，是多么重要啊！如果当时这个在学校受到竞争欺负的女孩能告诉妈妈她的遭遇，那么比她成熟得多的妈妈，是不是就能开导她、安慰她、宝贝她,是不是也就能够避免掉接下来的悲剧了呢?!)

2. 如何积极地帮助孩子对待学业

现在让我们来看看父母能帮助正在学业上浮沉挣扎的孩子的一些方法:

(1)和他一起规划学习的进度。一般来说,学习成绩落后的孩子,在规划学习进度的能力上也会比较吃力。原因有几个:一是实事求是地说,有可能受限于他的智商能力;二是他可能缺乏这方面的养成训练,因为向来都是别人帮他规划好了,他只是跟着走、照着做罢了;三是他心慌焦虑了,在一团乱麻前不知如何下手。

不过,当我们在帮助孩子规划学习进度时,不要越俎代庖、一手承担地去帮他规划,而是在一旁引导、讨论,陪伴他一起规划,而且实际做出最后决定的人是孩子不是我们。这一点是我们必须掌握的。

在做规划之前,我们可以先打印出几张有大空格的月历表来。(如下图)

以数学课为例

目前成绩: 48分

近程目标: 60分（期中考日期：____）
- 60分（月考4）
- 57分（月考3）
- 54分（月考2）
- 51分（月考1）

中程目标: 70分（期末考日期：____）
- 70分（月考8）
- 68分（月考7）
- 66分（月考6）
- 63分（月考5）

远程目标: 80分（中考日期：____）
- 80分（月考12）
- 78分（月考11）
- 75分（月考10）
- 72分（月考9）

努力后的成绩: 80分（____）

- 首先，在月历上标示出每一个有重要考试的日子，例如月考、期中考、期末考。
- 接下来，把不同的科目用不同颜色的彩色笔来表示，例如英语是绿色、数学是蓝色、物理是橙色等。
- 再接下来，按照孩子当下的确切情况，检视他实际需要学习的时间和强度，例如，他的数学一直都很好，考试前只需要利用 3 个小时来复习就行；他的英语是弱项，需要用至少 30 个小时来复习；他的理化成绩中等，可以用 15 个小时即可等。
- 把实际需要复习的时间，从考试日子的前一天往回推，平均分配在每一天，并把它填入空格旦。此外，也把需要复习的章节切成小段，一起填入空格里。
- 月历填好后，如果一共有三个月份三张，那就只把当下这个月份的月历，用吸铁石贴在冰箱的门上。
- 孩子每完成当天的学习任务，就用一支鲜艳的彩笔（让他自己选颜色）在当天的空格里画上一个大圆圈，以表示圆满完成任务。（我得先警告家长们哦，绝对不可以在孩子画上大圆圈以后，还一直不放心地问：是不是真的复习了？是不是真的明白了？有没有骗我们啊？如果你这样做，那就还不如别实行这个方法！）

• 把月历贴在全家人都可以看得到的冰箱门上，意味着全家人一起共同努力。所以，要温和而明确地告诉孩子，只要当天复习时遇到困难，就要立刻求援，爸妈可以想办法帮忙或找其他人帮忙。而且即使就算我们帮不上忙，也不要让孩子觉得自己孤军奋斗，孤立无援。

• 考试当天早上出门前，全家一起面对着冰箱门上每一格都画着大圆圈的月历表，满怀着爱心和信心地告诉孩子，我们知道他已经尽力了，所以不管他考得如何，我们都一如既往地支持他、爱他、相信他。

（2）把学习目标切割成符合他实际能力的小阶梯。学习成绩差的孩子最缺乏的就是"成功的经验"。如果他在屡屡尝试却又屡屡失败之后，很容易就会气馁地在自己的头上贴上"我是个失败者"的标签，而一旦这个标签被贴上了，日后就要花费好大的工夫才能把它撕下来，所以我们一定尽量不让孩子对自己有这样错误的认识。（是的，这当然是个错误的认识，谁说学习成绩不好的人，就是人生的失败者？我们已经见过或听过多少年轻时学习成绩不好,可是长大后却成就一番伟业的例子!)

所以,我们要陪着孩子一起制订出一个合理而可行的计划,把通往目标的路程,按照实际的情况规划出若干个小台阶,每一个台阶都是他经过努力就可以跨上去的高度。我们在规划这些台阶时,孩子很有可能会因为想讨好我们而试图把台阶的高度放大,这时,我们不要讥讽他,也不要生气,只要很温和地说:嗯,我想这样不太合适,还是一次增加一些就好。不要说:你别又在那里做梦了,到时候成绩发下来你还是不行!

把通往目标的路程规划为阶梯的做法是这样的:

- 把目前孩子每一个科目的考试成绩忠实地写在一张 A4 纸大小、横式的白纸的左下角。每个科目一张。
- 很实事求是地把每一个科目在经过一定的努力之后,可以合理地达到的成绩写在同一张纸的右上角。请一定要切实而合理地设定目标,千万不能孩子目前的成绩是 20 分,而你希望他的目标成绩是 100 分,这样只会增加孩子和我们自己的挫折。

- 在目前实际的成绩和希望达到的成绩之间,画出三条横线,分别是近期、中期和远期三个区段。
- 和孩子讨论之后,决定近期、中期、远期分别是哪些日期。例如,三个星期后是期中考,那么近期可以是期中考的日期。中期可以是期末考,而远期则可以是中考或高考。把决定好的日期写在每一条横线的右端。
- 和孩子讨论之后,根据实际情况,设定每个阶段的合理目标。例如,近期60分;中期70分;远期80分。
- 首先把近期那条横线和目前实际分数之间,分割成若干个台阶。台阶数可以根据这中间的小考数或月考数来决定,然后在每个小台阶上写上一个分数。例如,现在的成绩是48分,那么从现在开始到期中考之间一共还有4次考试,我们就在第一个小台阶上写上51分,第二个小台阶上写上54分,第三个小台阶上写上57分,第四个小台阶上写上60分。然后,近期的目标分数写上60分。
- 按照和近期目标相同的方法,分别规划出中期和远期的台阶数和分数。

每个科目的台阶图规划完之后，可能会有以下几种情形发生：

- 也许，孩子在第一次考试时就达到了第三个台阶的分数。很好，很高兴，鼓励他，夸奖他，注意不要立刻改动台阶，让他享受超越自己的成功经验，但不要立刻拉高台阶。原因是考试成绩难免会因题目的深浅而有浮动，我们不要给孩子不切实际的假象，当台阶提高之后，又尝到失败的滋味。如果孩子要求，我们可以说：好呀，不过我们再试一次，下次考试之后，我们再来调整。

- 也许孩子第一次就没达到台阶的分数。没关系，别生气，别骂他，也别气馁。如同上面说的，考试成绩难免会因题目的深浅而有所浮动。别慌，再试一次或两次看看，如果真的不行，我们再做调整。

- 当孩子确实一步一步地攀上台阶，哪怕他还是班上最后一名，我们仍然要骄傲地奖励他。当然，奖励的内容可以根据家庭实际的情况而定，不过，发自内心的真心赞美是一定要的。

我知道现在一定有些父母心急如焚地说:"唉呀!我的孩子还有几个月就要参加高考了,如果按照这样画小台阶,到高考的时候就来不及了!"可如果我很狠心地告诉你,就算我们不这么画小台阶,孩子也不会在几个月之内就"咻"一下蹿出个高分考上重点大学(当然也不乏这样的例子),那我们还不如帮助孩子建立起对自己的信任和对人生的积极态度,这样他才能拥有创造成功未来的人格特质和能力。

(3)帮助他学会有更高"投资回报率"的学习方法。"20、80法则",是经营生意上的商业法则之一,意思是指,我们把80%的资金、人力和精力,投注在具有高产值的经营项目上,然后把20%的人力和物力,投注到其他那些具有较低产值的经营项目上,这样生意的投资报酬率会增高很多,同时也不会让自己瞎忙,忙得团团转。

把这个经营法则运用到读书上,也是一样管用的。除了在学校读书的时间之外,孩子每天在家复习功课的时间有限,如果能帮助他把有限的时间做最有产值的运用,就可以在比较短的时间之内,看见有效的成果。这不仅对孩子的学习成绩有帮助,对恢复他的自信心也很有帮助。当然,我们不能真的像运营商业那样把时间、精力划分成 20∶80 如此悬殊的比例,但 40∶60 的比例,或甚至是 35∶65 的比例,却是个可行的方法。

运用这个法则的方法是:

- 首先依照孩子最近 6 次考试成绩单的平均值(不管是大考还是小考),按成绩高低在一张 A4 纸上做个排序。
- 仔细研究每一个学科的成绩波动起伏状况。按照起伏波动的比例,在另一张 A4 纸上做由高至低的排序。例如,我们发现他的物理成绩总是很稳定地停留在 50 分左右,而他的数学成绩则在 85~55 分之间波动。从这个结果我们就知道,他数学进步的空间和潜能很大,比物理要容易追赶得多。
- 和孩子一起研究,依照他个人的主观感受和客观事实,哪一个科目他读起来和追赶起来更容易、更有自信一些。将它们在另一张 A4 纸上,依容易程度的高低排序列出。

● 把这三张排序一起并列做比较，得出另一张白纸上的内容——如果花同等的时间和精力，"能抢分"的科目有哪些；"不失分"的科目有哪些。例如，我们发现历史是他最喜欢也最拿手的科目，如果花同等的时间和精力去背书，他能轻易地多拿15分；但地理是他最烦的科目，如果花同等的时间和精力去背书，他最多只能多拿2分。

● 接下来，我们就根据这个结果，以及"能抢分"和"不失分"的原则，合理地分配复习的时间比例，以期将总分冲高。

（4）用勾勒美好远景的方法来激发他的学习动力。这是我最近对一个16岁念高一的男孩所使用的方法。这个身高已经有183公分高的大男孩是父母和师长眼中的麻烦制造者。他很聪明，在每次智力测验中都拿到很高的分数；他很会玩电脑，各种复杂难懂的软件程序到了他的手上就是小菜一碟；他偏科得厉害，喜欢的科目他轻易地得到高分，但不喜欢的科目或不喜欢的老师所教的科目，他就"不屑"去学习；他是校园内的风云人物，因为他敢于冲撞老师，敢于在课堂上当面给老师难堪。他的父母为了他心力交瘁，除了担心他考不上大学之外，也担心浪费了他这么聪明的资质。

我在辅导他之前，先浏览了一遍国内外大学目前的科系情况，重点尤其在了解有哪些科系特别需要电脑方面的特长。当他坐在我面前的时候，我只字不提他在学校捣蛋或学业落后的事，我只是把这些事先搜索到的大学科系资料，拿出来和他一起讨论，同时把在这些大学科系毕业之后所能从事的工作，也一并拿出来讨论。讨论这些毕业后所能从事的工作时，我尤其把薪水和专业地位放在强调的重点。

当他被高薪和专业地位深深地吸引住而明显地张大了眼睛之后，我又把进入这些大学科系需要的考试科目拿出来和他一起讨论，我们一项一项地检视这些科目，我也一项一项云淡风轻地问他："哎，你这门功课怎么样？"遇到他拿手的科目时，他很得意也很快速地回答："很好，我总拿高分！"我立刻就说："哎呀！那太好了。"然后用红笔在上面画个大圈。遇到他不好的科目时,他有点支吾地说:"嗯,这个差点儿!"我也立刻平静地回应:"哦!好,那我们就加强这门!"然后用细铅笔在上面轻轻地打个小钩。

当检视完所有需要考试的科目之后,我像发现新大陆一样,欢声对他说:"太好了!太好了!你知道吗?你只要再加强4个科目,在这两年之内咬着牙拼命把它们提高到一个水平,然后用你拿手科目的分数来冲高总分,你就能念最能发挥你电脑鬼才的科系啦!到时候你成名、赚大钱了以后,可别忘了我哦!"

对于学习成就比较低的孩子来说,他们最大的问题在于不相信自己能实现梦想,他们既不敢做梦,也不敢放眼未来,他们在屡次的挫折中,学会了只敢走一步算一步,所以未来对他们而言,只是个遥远而模糊的东西。

因此我们可以帮助他们找出一个"可行的未来方案",就像我和这位16岁男孩的故事一样:

第一步,先让这个未来方案打动他。这个部分可以根据孩子的实际情况来操作。

第二步,把达到这个方案的步骤,拆解成一小块一小块，这样看起来才不会那么吓人、难度那么高和遥不可及。

第三步，和他一起检视在这些拆解开来的一小块一小块碎片中，有哪些是他已经拥有的，有哪些是他还要努力获得的。

第四步，帮助他用前述几种方法努力学习，以获得这些还不具有的碎片。

第五步，参与陪伴他累积碎片的过程，并且一直在旁边用"可行的未来方案"来激励他。

（5）协助他拥有需要时可以把头埋进去的健康"沙堆"。很多父母以孩子不能浪费太多时间在一些和考试没关系的事情上为由，禁止孩子参加一些可以让他们放松心情和承接压力的活动，例如学校组织的各种课外活动；从小就一直喜欢的才艺项目；阅读和考试科目无关的课外书籍；和同学一起逛街出游；等等。

如果你对我惨淡的高中生涯还有印象的话，应该记得我把头埋进沙堆逃避现实挫败的地方，就是浩瀚的"课外"书海。这个健康的沙堆，允许我把在学校课业上的挫败压力释放出来，也允许我借着它的力量疗伤，更允许我在它安全的羽翼下重新认识自己的能力。事实上，每一个人，不管是未成年人还是成年人，都需要有一个这样的地方来遮风挡雨，有的成年人迷恋酒精，有的成年人烟不离手，有的成年人深陷赌博，这都和青少年沉迷于电脑和电子游戏之中没有什么两样，也都和青少年一样，在试图为自己的焦虑找到一个可以释放情绪的出口。

如果，我们禁止孩子拥有这些健康的沙堆，阻绝他能把头埋进去并释放情绪的排放口，那么他就只好在网络中寻求慰藉，在游戏的喧闹杀伐间找寻刺激快意。对于那些学习成就低的孩子来说，这个宣泄情绪的管道更是重要，也更是能吸引他迷恋难返的诱因。所以我建议父母们，尤其是有在学习上比较困难的孩子的父母们，一定要允许并帮助孩子拥有一个或多个足以放松身心的健康"课外"空间，好让孩子在需要的时候，能随时有个可以躲得进去的地方。

当然，除了那些课外的健康沙堆之外，我们自己也要努力地成为孩子可以埋进头来的沙堆之一。在我个人为青少年做心理治疗的专业生涯中，见过许多孩子已然接受精神科药物治疗的父母，在治疗室里对着已麻木漠然的孩子哭喊着说："孩子，妈妈不逼你学习了，没有关系，只要你健康就好！"现在，就让我们在孩子还健康快乐的时候，履行这个心愿吧！

第五章
如何聪明地面对孩子的早恋

现在我们来看看这个让父母焦虑担心、闻之色变、束手无策又不得不面对的问题——孩子的早恋和可能引发的性行为。相信所有青少年的父母都已经知道了这些"为什么我的孩子会突然开始喜欢异性"的原因。但是为了加强我们真正对这些原因的理解和接纳,并因为这些理解和接纳,而进一步发展出有效和合理的处理机制,我在这儿说明一下这些"不得不然"的原因。

一、青春期的孩子为什么会早恋

1. 确实存在的生理因素

我们必须严肃地从青春期的"性发育"谈起。根据生理学的研究，在生殖内分泌系统中，存在着一个"下丘脑—垂体—性腺"的控制主轴系统。在儿童期和青春前期，这个主轴系统是处于静止的状态。一旦到了青春期，由于促性腺激素以及其他激素的协同作用，使得这个主轴系统开始启动了有效而紧凑的工作。这个工作，让个体在生长、发育、代谢、内分泌以及心理状态各方面都发生了显著的变化。但与此同时，这个工作，也开启了一扇有趣的、充满了新奇刺激的门——通往爱情以及性幻想的门。因此，青少年对异性的态度，会随着年龄的增长而有不同的表现——"青春前期"，他们开始对异性感到好奇，但又同时感受到威胁，尤其是女孩子对异性的敌视态度更为强烈。此外，他们开始对有关异性的知识和描述，产生了希望了解的倾向。（所以，如果我们希望灌输孩子正确的两性关系概念和性知识，最好从10岁左右就开始）

当性生理发展到相对稳定的水平时，也就是进入了所谓的"青春发育期"之后，希望与异性交往的兴趣大幅度增强，团体活动中也开始喜欢有异性同伴的加入，而这喜欢有异性陪伴的心情，就渐渐地被有实践能力的青春发育期的孩子们，化想象为行动了。

有一个值得我们关注的现象是，女孩对爱情和性的成熟度比男孩快，而早熟的女孩，因为身体第二性征发育较快的原因——例如最明显的乳房发育——常常会因此而受到同年龄男女孩的排斥，因此她们会有较低的自信心，常常不满意自己的身体特征，也比较不快乐。作为补偿心理，她们常常希望表现得像成人一样以受到肯定，因此容易较早有烟酒使用、恋爱和性行为。研究表明，早熟的男孩也有类似的情形发生，但不如女孩的比例高。

晚熟的女孩，会受到同伴及家庭较多的呵护与支持，因此通常会有比较好的心理发展与行为表现。但晚熟的男孩就没有那么幸运了，毕竟在青少年时期，尤其是男孩之间，特别重视在体能、运动技巧以及受欢迎的体格外形上的较量，晚熟的男孩因此有可能存在人际交往上的弱势，自我认同的危机较高，也有比较多负面的自我心象。这一点是我们做父母的必须了解和关注的事。

2. 社会风气开放，以及各种媒体的推波助澜

我还记得自己近四十年前念高中时做的蠢事。那时我们对性一无所知，对男孩怎么让女孩怀孕的知识也毫无概念。有一天，有位在我们之间总是显得成熟而有见地的女同学，向我们宣布了一件非常重要的事：你们坐公交车时一定要小心，千万别在男生刚坐过的椅子还是热的时候就立刻坐上去，因为这样，我们就会怀上那个男生的孩子。

于是，无知的我，就信以为真地每次在公交车上，只要坐某个男生刚坐过的座位，都要啪啪啪地拍上好久，等它凉透了之后才敢坐下。（可怜的我，到现在对任何公共场所中的带有温热的椅子都还很排斥！）而在我们那天真无知的心里，只要让某个男生吻了你，你就已经失去了纯洁的童贞，就已经是属于那个男生了。所以，当我和先生在我大学二年级时，在学校系馆

的顶楼阳台上亲吻了之后，我既兴奋又罪恶地差点想跳楼自杀。

我相信，如果现在有个正在念初中一年级，甚至小学高年级的孩子，读到了上面这段我的惨绿少年时期的蠢事，一定会不可置信地狂笑不已，他们一定会以为这是故意编出来、不属于正常人类的笑话。因为对他们来说，每天上学、放学途中，从公交车的车窗外，都会看见一对对还穿着中学制服，无视旁人，在公交车站牌前贴着身体、热烈拥吻的年轻恋人。所以他们习以为常，见怪不怪，等自己到了也对异性有感觉的时候，就顺理成章地一脚跨了进去。

此外，我一定要"谴责"媒体，尤其是网际网络上毫无节制的、充满性诱惑的声色刺激。你只要打开电脑、进入网络，几分钟之内，就一定会有数个，甚至数十个带着性诱惑的广告出现。这些伴随着十足兴奋挑动能力的画面、声音、音乐，让拥有自制力的成人看了都不一定把持得住，更何况是性激素汹涌澎湃但心智能力又还没有成熟的青少年？

3. 同伴认同的压力

我很喜欢看一部美剧《实习医生格蕾》。里面讲述的是一群毕业于名牌大学，如哈佛、耶鲁、斯坦福等大学医学院的优秀精英，在西雅图医院里工作时所发生的爱怨情仇。

我还记得里面有一集的剧情，剧中这群在学业上、专业上都很杰出的尖子生，总拿其中一个女尖子同事的窘事开玩笑，而这位女尖子医生的"窘事"，就是她已经25岁了，却还没有过性经验。所以每次同事们把她这不可思议的窘事拿出来开涮时，这个女孩都尴尬痛苦不已。

这就是同伴的压力。如果别人都有，那么，我也得有！要不，我就是个怪人，不被团体认同，也不会被团体接纳成为一份子。而我们都已经很清楚地知道，"在圈子之内"，对青少年来说是多么重要的价值。

我有次和一个正在念高中二年级的男孩聊天，谈及学校生活时，他总是很稀松平常地用"我嫂子"来形容一个女同学，我当时听了不敢太动声色，只是很轻描淡写地说，哦，你哥也在同一个学校念书呀？这个高中男孩也很自然地回答我，哦，不，就是我同学，我哥儿们，我们都管他的女朋友叫嫂子！

4. 满足某些心理需求

逃避，可能是最常见的心理动机。例如，学业上的成就比较低；家庭的氛围经常是紧张和充满压力的；在同辈团体间的适应能力比较差等，都有可能让青少年在失望挫折之后，转而寻求异性的安慰。而在异性面前所取得的成功，又可以具有补偿性地满足对成就的渴望。

曾经有个15岁就有性经验的女孩告诉我："妈妈最喜欢拿我和别人比较，尤其是和我姨妈的女儿做比较。她也不想想看，人家姨妈的先生多成功，多会赚钱，我表妹从小学那么多才艺，又上那么多家教课，她当然比我书念得好，也讨人喜欢啊。我妈也不看看她自己，每天邋里邋遢像个黄脸婆，就会在家骂我爸和我。我真的巴不得赶快找个人，离开这个倒霉的家！"

还有另一个常见的心理动机，就是对安全感的需求。青少年后期正是需求亲密关系最为强烈的时刻。青少年渴望信赖和关心别人，同时也愿意分享别人深度的感受和关怀。此外，他们对于一些新发现的想法和感觉，也都需要借助于和别人的联系表达出来。身体的接触，如拥抱、亲吻、爱抚以及性等，就都成为这类需要的外在表现。资深青少年心理学家约翰·米切尔曾说："对青少年而言，性行为尤甚于在其他地方微不足道的参与，成为构成心理亲密联系的基本管道。"

另外，叛逆和负面的自我也是心理动机之一。对某些青少年来说，不被允许的恋爱，甚至性行为，都是发泄敌意、让父母伤心、报复他们的最有效的方法。而且当东窗事发后，父母的惊狂或暴怒反应，也都能让他们享受到"终于"刺中要害的快意。

那么，在看了那么多让人沮丧得喘不过气来的理由之后，总该有些好消息吧？是的，是有个好消息，那就是青少年的爱，来得快速，来得猛烈，但也消退的快速，消退得猛烈。所以，我们不用担心他现在交往的对象就是日后结婚的对象。（针对全球 15,000 名青少年长达 15 年的追踪调查统计数据显示，有 92.56% 的青少年15年后的结婚对象不是自己中学时代的初恋对象）因此只要我们"应对得当"，孩子的早恋可以"完美地开场，也完美地收场"，并且不危及他的学业和前途。

二、聪明地处理孩子的早恋

现在，就让我们来看看，聪明的父母是如何聪明地面对孩子的恋爱关系的。

1. 粗暴地横加阻挠，是最不可取、最拙劣的做法

我在《爱在左，管教在右》一书里曾经提到过，对心智发展还未定性的青春期孩子来说，爱上一个人之后所分泌的"疯恋激素"，如果在不受外力介入干扰的情况下，大约只能持续6个月左右。可如果在这段时期内有外力介入，例如父母师长的强加干预、第三者介入、发事件产生等，让这原本只能维系6个月左右热情的恋情，转而变为罗密欧与朱丽叶，或梁山伯与祝英台的凄美悲壮爱情，那它还会继续维持多久，就要看老天如何安排了。

所以，最不明智的做法，就是横加阻挠。但是这么说来，难道我们就视若无睹，放任他们去恋爱吗？那当然不是。事实上，孩子一旦有早恋的现象，我们一定要留心观察，一定要在旁边辅佐监督，以免孩子误闯禁地，酿下影响他们一生的后患。但问题是，我们怎么能做到既不粗暴干预，而又能辅佐监督呢？

现任职美国高中辅导老师的青少年问题专家黛安·海姆回答这个问题时说：There's a fine line between keeping in touch with how the relationship is developing–and being seen as interfering.（在"知悉这段恋情的发展进度"和"被认为在干预这段恋情"之间，只存在着一条很细的线。）意思就是说，我们一定得了解并掌握孩子的恋情进展，但又不能拙劣地让孩子以为我们在横加阻挠而反倒激化了他的热情。

那么，这条在专家口中所谓的细线，是什么呢？

（1）如果孩子现在还没有进入青春期，或刚进入青春前期，赶快去建立亲子无碍沟通的管道，因为让孩子对我们敞开心扉、吐露真实的进度，是最好的掌握资讯的方法。而孩子一旦进入青春期之后，如果还没有和父母建立好一个通畅的管道，那要让他在这时候打开心门就会比较困难了。所以，在孩子还没有进入青春期之前，最好预先建立好稳固而通畅无阻的桥梁。不过，孩子进入青春期后，自然而然地会想要关上一些曾经洞开的门，别在意，这是正常的。

（2）态度要温和冷静，但一定要坚定。例如，我们说：我知道你现在不想和我谈这个问题，没关系。不过，我们终究是要谈的，我可以等你，等你准备好想跟我谈的时候，随时来找我。（这意思在表明，你一定需要和我谈这件事，但我尊重你，并且尊重你的时间表）对于担心他是否已经有或计划有性行为，我们可以说：如果是两个大人像你们这样花这么多时间在一起，他们可能已经有性行为了。你们有吗？（如果孩子说，妈，拜托哦，我才13岁耶！那你就知道他也认为现在有性行为还太早了！）

（3）旁敲侧击地了解他的态度。很技巧地讨论第三者的问题，也是侦查打探的方法。例如我们并不确知孩子是否正在和某异性交往，我们可以通过电视节目、报纸杂志上的故事，来试探他的反应，但请留意，口气不要已有预设的立场或试图用自己的看法去影响他。你要用很云淡风轻、很就事论事的语气和表情说:"你觉得这个妈妈处理这个问题的方法怎么样啊?你觉得这两个孩子的恋爱能成功吗?不知道他们要是现在就有孩子了会怎么样。"你不能说:"你觉得他妈妈这么做是不是很对?你觉得他们是不是不应该那么早就谈恋爱?他们要是现在就有孩子那就完了,对吧?!"这样孩子一听,知道了你对这些事情的态度,他可能就知道得小心回避你了!

(4)要克服自己的情绪困难。做父母的虽然看起来比孩子经验老到和世故成熟,但遇到和性有关,尤其是和孩子的性行为有关的话题时,我们很可能会觉得非常不自在。而这种情绪的不自在,可能会引导话题走到几条路上:

• 我们因此而生气,用和这个主题无关的其他事件来掩盖我们的焦虑。例如,我们本来在讨论他的恋爱,但说着说着妈妈就生气了,开始把他去年参加夏令营时和另一个孩子打架的事情拿出来痛骂他一顿。我们的目的也许是让他知道自己还不成熟、还不能够负责任,但这个焦点的转移,却失去了我们讨论问题的初衷,结果,还是在原地打转。

• 孩子因我们的不自在也感到不自在,因此不愿意继续再说,免得更尴尬。

• 孩子觉察到了我们的不自在,知道这是我们的弱点,所以他找到了一个可以着力的地方,用这个来伤害、攻击或逃避我们。

2. 尊重他的感受,不要讥讽他的爱情或觉得荒唐可笑

虽然我们总是把年轻孩子的恋爱,描述成聚也匆匆、散也匆匆的不成熟恋情,就像是英文里把青少年的恋情说成是"Puppy Love",小狗们之间的恋情一样。但对孩子们来说,恋爱时,他所体会的和投入的情感和大人们完全一样,是非常真实、非常强烈也非常严肃的。

所以,如果我们用很讥讽的态度来对待他的感情,例如,我们说:你们这叫什么恋爱,你们懂什么叫爱

情，你们连自己都养活不了自己，还谈什么恋爱，根本就是荒唐可笑的小孩把戏。孩子听了就会很受伤害，觉得受到了羞辱，因为在他的认知和感受里，他所经历的感情是真实而有价值的。如果他视为珍宝的情感却被父母贬抑成如此一文不值，那么，对他来说，就等同于贬抑了自己一样。

此外，我们千万不要在亲戚朋友或他的同学朋友面前拿他的恋爱来说事，或开玩笑地讥讽嘲笑他。青少年最爱面子，也最恨父母让他在大庭广众之前丢脸。英国的青少年们常说一句似玩笑也似真实的话："父母是什么？父母就是老天爷派来羞辱你的人！"所以我们得谨记这个原则，在和孩子讨论他的恋爱时，一定只平静地就事论事，尊重他的感受，千万不要轻蔑他的情感或当众羞辱他。

我们的尊重，除了表现在对他的感情体验上之外，也要表现在对他的恋爱对象上。例如，我们不能嫌恶地把他正在交往的异性朋友批评得一文不值，更不能说一些人身攻击的气话，例如，他到底有没有家教，难道他妈妈都不管他吗？这些话只会让孩子把面前的盾牌举得更高，与我们为敌来保护他所爱的人，也会让孩子因此而怨恨我们，把他往外推得更快、更远。

讨论时，我们可以这么说：其实那个孩子真的是蛮讨人喜欢的，我每次看见他也都觉得他是个挺好的孩子，而且我知道你们在一起一定特别开心，因为你每次和他出去之后，回来都特别高兴，这让妈妈看了也很为你开心。妈妈也年轻过，也知道这种感觉很棒，所以妈妈其实并不是反对你和他在一起，我只是有点担心你的时间和精力会应付不过来，你看现在……

然后，试着心平气和地和孩子一起很理性地去解决这个时间和精力应付不过来的问题，讨论之后，他也许会说，那我们以后就不要常常出去，也许只要星期六去吃点东西或看场电影就好……

还有，虽然我们最害怕孩子的早恋走向他不具有能力处理的后果——性行为，但不要在每一次的谈话中，都把"反性行为"当作唯一的主题。其实，比较聪明的谈话内容，是帮助他理解爱情所带来的最美好的价值是被接纳和安全感，让他看见这才是追求爱情的本质。这么做可以带来几个好处：其一，这种被接纳和安全感的美好感受，家庭和爸爸妈妈也可以给他，如果他感觉匮乏时，随时可以回到家里来寻求慰藉；其二、他不会被"欲盖弥彰"的感受所驱使，反而刺激了他对性的好奇和渴望；其三、他在年轻时，就对爱情的本质有了健康正确的认识，这对他将来的爱情和婚姻都有正面的帮助。

3. 不要设下天罗地网到处去侦查他的行踪

我可以确切地告诉你，当我们自以为聪明地设下天罗地网，例如，到处打电话去同学那儿侦查他的行踪；偷偷地进入他的电脑查阅聊天记录；趁他洗澡或睡觉时翻看他的手机短信；检查他的书包看看有没有保险套等，我们一定会被比我们机灵千百万倍的孩子识破这些拙劣的伎俩，也会让他因此而恼羞成怒，记恨我们一辈子。

在种种侦查方式中最拙劣的手法是，买通他的朋友为我们提供内部消息。这个手法之所以被我称为拙劣，原因是，一来，他的朋友总有一天会告诉他实情，因为他们才是同病相怜的同一国人；二来，我们让他在同伴面前备受羞辱，同学会讥笑他虽然已经长大了，可是妈妈仍然把他当成小婴儿一样搂在怀里保护；三来，他觉得被自己最应该信任的人背叛了、欺骗了、出卖了，这对他来说是最大的痛苦和伤害。

所以，如果我们需要知道真相，就想办法让孩子直接告诉我们，不要做一些弄巧成拙的事，这会进一步恶化亲子之间本来就有一点紧绷的关系。

4. 和他喜欢的人做朋友

偷偷地说，这是我儿子在青春期时，我最擅长使用的招数。我和他认识的几个女孩，一直都保持着很好的关系，甚至还替她们解决多年之后和男朋友相处的疑惑呢！告诉孩子，也告诉他喜欢或正在谈恋爱的孩子，你欢迎他成为家里的朋友，也欢迎他常到家里来做客，例如常常到家里来吃饭，假日一起出去看电影、下馆子等，这个举措有几重意义：

- 卸下孩子的心防，让他不用偷偷摸摸地背着我们交朋友，也让他在朋友面前觉得很有面子，觉得我们是很开明、很酷、很支持他的老爸老妈。这样，他就不会把我们挡在门外，愿意和我们分享他们交往的进度和情况，我们也好从旁很有技巧地监督和辅导。此外，孩子也不会为了隐瞒恋情而费尽心思，和养成对我们说谎的习惯。

• 分散和稀释他们俩单独在一起的时间和强度，避免总是一对一，单独相处时可能引发的炙热火焰。我们都知道，当孩子们在压力之下彼此依偎取暖时，是最容易控制不住生理的冲动的。

• 趁这个机会在孩子很年轻时，就指导他和异性朋友的相处技巧，这对他将来真正交异性朋友时会有帮助。例如，我儿子从高中二年级时开始对女孩有了感觉，也似有若无地和几个邻校的女生出去看电影，参加派对。我先生知道后，告诉他，看完电影或参加完派对之后，一定要送女孩回家，也一定要在门口看着她确定安全地进了家门。另外，如果到某个正在交往的女孩家去，一定要记得带些小礼物给女孩的家长，这样才显得有教养和有礼貌。

我相信这些指导对儿子来说，一定能帮助他现在和任何一个女孩成熟地相处，也一定能让他博得女孩家长的喜欢和信任。这对他来说，终生都可受用，也能帮助他稳定将来的婚姻关系。

5. 让家变得更温暖、更舒适

虽然青少年总是宣称自己已经是个大人了，已经不再像婴儿那样需要待在爸爸妈妈的身边被保护，但骨子里，他们还是非常依赖父母，心理情绪上也很需要父母的认同和支持。所以，如果家对他来说是个温暖而可以完全放松的地方，拥有自信和安全感的他，对外寻求慰藉的渴望就不会那么强烈。而且纵使他已经在一段恋情之中，当遇到恋情的困顿时，也会倾向于转而向家庭求助。

所以，当我们青春期的孩子出门谈恋爱回家后，不要对着他大吼大叫，也不要阴阳怪气、疑神疑鬼地冷眼相向。这些情绪压力甚至是肢体压力，只会坐实他觉得家是个不欢迎他的地方，父母也不再像从前那样爱他、宝贝他、亲近他。那么，两相比较之下，外面的吸引力就更大了。另外，一个有些许遗憾但又不得不让我们正视的事实是,如果父母之间的感情不和睦或已然经历了喧闹的离异,那么孩子早恋的年龄,可能要比在双亲和睦的家庭里的年龄提早至少 2~3 岁。

6. 如果孩子真的不愿意和我们谈,鼓励他去和他信任的长辈谈谈

例如孩子的阿姨、姥姥、比较亲近的老师或好朋友的妈妈,不要让孩子觉得如果不和我们谈,却和另一位长辈谈,是对我们的背叛或轻视。当然,我们自己也不需要有这种不必要且负面的情绪。

事实上,对敏感的青少年来说,尤其是对相对羞涩的中国人来说,和父母谈有关自己的感情,或牵涉到性的问题时,是非常难以启齿的,所以他们可能更希望找个不那么亲近密切的长辈来求教。我们如果能够理解这种心理,就不要为此而介怀,也不要让孩子为此介怀而失去了可以被指导的机会。

7. 失恋分手时,张开双臂,安慰他

对孩子来说,由于他们的爱情来得迅猛和强烈,恋

爱在他的世界里就是生命的全部,所以失恋了就等同于世界末日。我们会看见一个16岁的女孩因为失恋而昏天黑地哭好几天,也会看见一个18岁的男孩因为失恋而借(啤)酒浇愁,虽然从成人的眼光看来,他们的爱情根本就是小孩过家家的胡闹,但对这些大小孩来说,他们失去的感情却是强烈而真实的。所以有许许多多青少年,因为没有大人在身旁帮助他们好好地梳理这个强烈、足以灭顶的情绪,而从此自暴自弃葬送了前途,激进的甚至选择了结束自己的生命。

所以,当孩子遭遇了失恋的痛苦时,我们该做的事,有以下几点:

- 决不幸灾乐祸。决不说:唉,谢天谢地,总算结束了。好了,现在你总算可以死心,可以专心念书了吧!这些"冷血"的话,等于是在孩子已经淌血的心上,再插上一刀!

- 拥抱并倾听。不说太多的话,不要说教,只是张开温暖的双臂和竖起温柔的耳朵,听他哭诉,需要时,拥抱他。

- 给他时间疗伤。不要催促他赶快振作起来。如果这强烈的情绪没有得到梳理和释放而积压在心里，可能对他日后的情绪产生影响，例如抑郁、焦虑，也可能影响他日后真正交往对象时的情绪障碍。不过，不用太担心这时间会拖得太长，只要让他释放出来了，对"没心没肺"的青少年来说，也许过上一两个星期，他就和没事人一样了。

最后，我想和所有青少年的父母们共勉几句话：青春期原本应该是个充满阳光、充满欢笑、充满奔放、充满生命活力的青春岁月，只不过这个阶段里的另一项任务——学业，压抑了他们享受这些美好欢愉的若干权利。想想看我们在孩子的这个年纪时，也一样偷偷地暗恋班上的男生女生，也一样做着让自己脸红心跳的白日梦，也一样想方设法背着父母、窝在被窝里举着手电筒偷看爱情小说，也一样痛恨总是板着脸逼我们读书、读书的老师。这些青涩的青春少年记忆，被我们藏在心里，伴随着我们长大，也成为我们面对冷酷的成人世界时，可以蜷缩进去疗伤的、甜蜜的小小秘境。

我们是过来人，所以能理解正在其中载浮载沉的孩子。那么，就让我们以温暖包容的爱，一同去分享他们的快乐、他们的幸福，以及那少年不知愁滋味的美丽与哀愁吧！

三、对孩子进行性教育时的几个提醒

性，是一个让青少年，甚至更年轻的少年的父母们都心照不宣，也都忧心忡忡的问题。有关如何对孩子进行性教育，也一直都是青少年心理专家们努力为父母们推广的教育。现在，让我们来看看在进行性教育时，有几个原则要遵守：

第一，最好是由同性的父母进行性教育，如果同性父母缺席，那么就由家族中同性的长辈，例如叔叔、舅舅、阿姨、姑妈来负责。

由同性父母负责性教育的原因有三点：其一，同性父母进行性教育时比较不容易有情绪的干扰，可以避免一些情绪的介入。这不仅仅只是针对比较含蓄羞赧的东方人来说，即便在思想开放的西方，专家们也建议由同性父母来教导，以避免这种让双方都很尴尬而无法顺利进行的极大可能性。其二，同性父母从自身的经验中，知道自己在青春期时的那些生理、心理和情绪的变化，因此能对孩子的情况感同身受，用同理和心同此情的态度去面对孩子的困惑。其三，同性父母才能比较准确地知道孩子的困惑在哪里，以及需要教导解惑的部分有哪些，而且，他们自己也拥有从成长中学习的切身经验，可以和孩子一起分享。

如果我们是一个单亲家庭，确实没有同忾的父母能够扮演这个角色的话，那就从家庭支持系统里或可以信任的好朋友圈子里来找一个人，例如兄弟姐妹或朋友的先生或太太，总之，就是从亲戚朋友当中找到一个成熟的同性长辈来扮演这个角色。而且，对于青春期的孩子来说，对同性长辈角色的学习和认同也是需要的，这是建立我们对自我性别认同时的关键步骤。

第二，帮助孩子理解，他身上所发生的变化，是正常的生理发展进程，不需要为此而害羞。

这是让孩子健康面对性教育的重要态度。如果我们和孩子谈论有关性问题时，支支吾吾，含糊暧昧，甚至用带有贬抑观点的字眼去形容，例如，真肚！真不要脸！真不害臊！真下流！（别惊讶，这是很多父母教导孩子有关性行为时所使用的夸张用语，我就当面听过好多父母这么对孩子说！）孩子就会一来不敢再跟我们说真心话，因为已经知道我们强烈的主观立场，所以最好不要没事找事地找挨骂；二来越被隐晦压抑，他们就越好奇，就越想去尝试看看；三来我们在孩子的潜意识中，灌输了不健康、不正确的观念，影响了他将来长大之后因潜意识作祟而失去对性的享受和能力。

另外，我们要让孩子理解，在他身上所发生的事是正常而必然的生理现象，每个人都会经历，不是因为他不正常或心理变态才会这样。（这一点我已经在第一章里有过非常清楚的解释）而这也就是为什么我在讲第一个原则时说，必须是同性父母来负责教导的责任，要不然，异性父母教导时可能会脸红、会很暧昧，例如，妈妈跟儿子说到阴茎的时候会脸红，爸爸跟女儿说到月经的时候也会脸红，而这脸红可能就会让孩子觉得有点问题，很不正常。

当然，即使我们努力试着不让自己在和孩子讨论这个话题时觉得尴尬或不舒服，我们还是有可能控制不了自己的情绪。例如在讨论过程中出现以下情况：

• 有我们确实不知道的答案，我们就很诚实地对孩子说：嗯，这个问题我不太清楚，我可以找几本书看看，或去请教专家，然后我们再继续讨论。如果不知道答案，就不知道答案，不用觉得自己很笨，或没法担负这个责任。坦白承认，反而会让孩子更尊敬我们。

• 如果确实觉得有些尴尬，也可以坦白地告诉孩子：嗯，我觉得和你讨论这个话题有点尴尬，我相信也许你也一样。不过，性是件很正常也很健康的事，也是成年人生活中必须有的经历。没关系，我们慢慢来！慢慢我们就会觉得好多了！如果我们对孩子坦率承认自己的感受，也能帮助孩子化解同样的尴尬感受。

第三，要在孩子对性刚刚开始萌发的时候，就留意征兆并给予引导，而不是已经造成问题了之后，才开始进行性教育。

什么叫作刚刚开始萌发呢？举我儿子的例子来说，以前我儿子放假从英国回到台湾家里，洗澡时只是把门关上，但从来没有特别把浴室的门从里面反锁住。可是在他快要13岁的那一年，他从英国回来，进浴室洗澡时，我非常清楚地听见他把浴室的门锁住了。当然他知道即使他不锁门，我们也不会去开浴室的门，但他把门锁住了，我们就知道他已经开始注意自己的隐私了。所以我跟他爸爸说，这个暑假，你的重要任务是负责给他上性教育课，于是我先生在那年暑假独自带着儿子去旅游了一个星期，在那个星期里，父子俩在旅途中有了许多次深度的"男人和男人之间"的谈话。

所以，透过留心的观察，孩子的一些举动会告诉我们："我已经准备好了，你可以来教育我了！"而且，我想特别强调的是，性教育不能只仰赖学校和老师，老师一个人面对一班二三十个，甚至四五十个学生，每个学生的发育进度都不一样，心理和情绪的状况也不一样，老师既掌握不了每个学生最正确的时间，也掌握不了每个学生个别的需求。因此，只有父母能够通过细心的观察，给予孩子耐心的、有针对性的以及全神贯注的引导。

此外，性教育绝对是个防患于未然的功课，作为有责任保护孩子的父母，理应尽量避免亡羊补牢的遗憾，或因为我们的疏忽，而让孩子铸下可能影响他一生的错误。

第四，不要陷入对性教育的几个误区之中。

以下几个是常见的影响家长向孩子进行性教育的误区：

（1）我的孩子还小，还很天真，他还不懂这个。我前文里才说过，性教育是防患于未然的功课，年龄小，正是进行性教育最好的时候，这时家长给孩子提供正确的性教育知识，可以避免孩子从同样对性一知半解的同伴那里或从书本网络上得到错误的信息。而作为现代的家长，我们都知道这些信息是如何泛滥地充塞在未成年孩子的周遭。

（2）我的孩子对性不感兴趣。只要是进入了青春期的孩子，由于性腺分泌的主导，对性有兴趣是必然也必需的现象。

如果孩子在家长面前表现出对性不感兴趣的样子，那很可能是因为孩子担心被父母知道了以后会挨骂，或懒得跟父母说那么多。所以千万不能以为孩子表现出没有兴趣，那就完全不需要被指导。当然，我们也不能过于主观地认定孩子就一定整天在想着和性有关的事，所以通过留心观察，永远打开沟通的大门，顺着孩子的发展需求往前走，这样才是性教育的中庸平衡之道。

（3）我觉得我的孩子很成熟，能自己分辨情况。这是许多家长普遍存在的侥幸或逃避心理。他们判断孩子是否对异性或对性有兴趣，只取决于孩子的学业成绩，所以只要孩子学习好，乖乖念书，就一定不会有这方面的困惑。事实上，我已经举过好几个例子，说明学习优秀的尖子生也会因对性的困惑而受到影响。

（4）我的孩子生活环境很单纯，没必要让他知道这些。在信息如此开放的时代，要保护孩子能完全不接触和性有关的任何讯息，绝对只是家长一厢情愿的鸵鸟心态。除了睡觉的时间之外，课业繁重的青少年，每天在家的时间比在学校里和同学相处的时间要少得多，在网络上浏览的时间和内容，也不是父母能完全掌控得了的。所以只因为孩子在父母面前被隔离保护得很好，就认为孩子接触不到这些知识，是非常天真的想法。

（5）学校已经有性教育课程，家长不便和孩子谈性。

关于这一个误区，我在前面"几个为孩子进行性教育时的提醒"的第三点中已经解释得非常清楚了。只是再次提醒父母们，只依赖学校和老师所给予孩子的性教育，是远远不够的！

（6）让孩子了解性的细节，反而会诱发孩子的模仿行为。针对这一担心，世界卫生组织（World Health Organization，WHO）在对全世界15,000名青少年所做的调查报告中清楚地表明，给予青少年性教育，并不会带来他们模仿性行为的结果；反而是，当这些青少年理解性行为可能带来的后果之后，或延迟了他们初尝禁果的年龄，或促使他们在有性行为时，采取更正确的保护措施。

第六章
把孩子带回现实世界

——青少年网瘾问题的思考与应对

说真心话,我花了很长的时间写这个章节。时间长的原因,倒不是因为字数太多,而是情绪太复杂、太被干扰,所以几次提笔,又几次搁置,几乎无法顺利成章。我想读者朋友们看到这里,一定会感觉非常奇怪,可能会问:为什么呢?是啊,为什么呢?

这"为什么"的原因之一,是我在国外几个知名心理研究机构和大学的网站里,搜集有关青少年互联网成瘾症的最新研究报告时,很挫败地发现他们所关注的问题,居然和我们不尽相同。他们所关心的青少年使用网络问题,更集中在安全性上。例如,他们关心孩子会不会因为在网络聊天室里认识了坏人,因引诱而受到伤害；他们关心孩子在电脑前玩游戏的时间太长，致使眼睛、肩胛等身体健康受到了影响；他们研究是什么诱因导致孩子沉迷于虚拟的网络世界，并试图找到心理疏解方法，好把孩子带回到现实世界……

可是我在各个公开或私人的演讲场合中，每每被家长问及有关孩子沉迷电脑的问题时，百分之八九十的问句，却都和"孩子总是玩电脑，以致影响了学习"有关。

促使我情绪纠结的第二个原因，是苦于没有更好的对策。在中外各权威机构或大学对青少年互联网成瘾症的研究报告中，所一致得出的结论都是：

"网络空间是一个让现实与虚拟、人工经验与现实世界之间的界限变得模糊的神奇地方，它非常强烈地吸引了那些在现实世界中表现出低自尊、缺乏动机、急欲寻求外界认同、孤独、害怕被拒绝、有社交焦虑和自我封闭的人。因为在这个神奇的空间里，每个人隔着电脑屏幕，拥有完全平等的地位，你不用在乎自己学习成绩是否比别人差，不用在乎身材相貌的高矮胖瘦，不用在乎出身显赫或卑微，你只要注册一个自以为能表现'真实个性'的网名,然后就能凭着手指的敏捷能力,在这个世界里从头来过,重新获得对自己的评价和认识。"

如果我们检视一下上段文字里所描述的那些容易对互联网上瘾的特定人群,就一定会发现他们和一件事情有绝对的相关,那就是他们都是属于"低成就经验"群体。而对于生活内容只局限在学校和家庭这两个相对单纯的生活场域里的青少年来说,低成就经验,也就意味着学业上的低成就和人际交往上的低成就。

因此,这也就是我感到情绪纠结的地方,因为我不能、不敢也不会去冲撞根基牢固的社会主流价值体系,所以就不能事不关己、云淡风轻地建议父母们:"没事儿,只要你不给孩子那么大的学习压力,让他发挥自己性格和性向的长处,他就不会因为太挫折而一头钻进网络的虚拟世界里了!"

情绪纠结归纠结,现在先让我们来看看国家有关部门对目前网民的一份调查报告。在这份调查报告中,我发现截至2011年2月,中国网民的总人数达到了4.57亿,而在这4.57亿人中,年龄在18岁至24岁之间的年轻人占了65.5%,而年龄低于18岁的青少年,则占了19%，也就是有9000万人之多。而在这9000多万的青少年网民中，有将近1000万人，"正在"或"曾经"有互联网成瘾症。

那么，在青少年心理专家的眼中，什么叫作"互联网成瘾症"，以及孩子具有什么样的症状，才能被归类为是有了互联网成瘾症呢？

一、什么是网络成瘾症？

"互联网成瘾症"（Internet Addiction Disorder, IAD），是美国精神科医师伊万·戈德堡在1996年首先提出的。他认为网络的过度使用会造成学业、工作、课业、社会、家庭、身心功能的减弱。1997年，另一位医师格里菲斯，则将网络成瘾视为科技成瘾的一种，科技成瘾包含电脑成瘾、电玩成瘾、电视成瘾，是一种涉有"人机互动"而与化学物质无关的成瘾习惯。它的症状表现在"强迫性地过度使用网络，以及被剥夺上网权利之后，会出现焦躁反应和不良情绪"。

不过，在伊万·戈德堡医师提出这个名词之后，许多研究青少年问题的专家认为"成瘾"(Addiction)这个字眼太过于强烈,因为不同于药瘾、酒瘾甚至毒瘾这些瘾症,有些孩子在移除了让他们焦虑的诱因之后,对互联网的瘾症是可以戒断的。所以他们提出了"过度使用互联网"(Internet overuse)、"有问题地使用互联网"(problematic computer use)以及"互联网使用的反常现象"(pathological computer use)这些比较不具有强烈病态意义的字眼来形容这个瘾症。

但是,不管使用什么字眼形容这个成瘾现象,专家们一致认为,成瘾者有大量行为和冲动控制上的问题,而且对互联网先是心理上的依赖,后来却变成生理和身体上的依赖。例如,原先只是不上网就焦躁不安、精神萎靡,可后来却变成不上网除了焦躁不安、精神萎靡之外,还出现晕眩、恶心、抽搐、消化不良等戒断症状。因此,美国医学会在2008年,就已经开始考虑是否要把互联网成瘾症列入心理疾患之中。

网络成瘾症的主要症状:

(1)网络成瘾耐受性(Internet Addiction Tolerance):是指随着使用网络的经验增加,原先所得到的上网乐趣，必须通过更多的网络内容与更长久的上网时间，才能让上网者得到相当程度的满足。

（2）强迫性上网问题（Compulsive Internet Use）：即一种难以自拔的上网渴望与冲动。在想到或看到电脑时，会有想上网的欲望或冲动；上网之后难以脱离；使用电脑和网络时，精神较为振奋；渴求能有更多的时间留在网络上。

（3）网络戒断反应（Withdrawal from Internet Addiction）：如果突然被迫离开电脑，容易出现挫败的情绪反应，例如：情绪低落、生气、空虚感等，或是注意力不集中、心神不宁、坐立不安等反应。

此外，专家们认为互联网成瘾症包含广泛，并不仅仅只是喜欢盯在电脑前打线上游戏，从心理卫生的角度来说，互联网成瘾症包含了以下几种情况：

• *网络性成瘾。喜欢在成人话题聊天室里找人聊天；沉迷于阅读各种色情文学；观看网络成人视频。*
• *网络关系成瘾。沉溺在网络聊天室里结交朋友、谈论八卦。*

• 网络强迫行为。指的是难以抵抗的心理和行为冲动。例如,网络线上赌博、网购、聊天、网络拍卖等。

• 信息收集成瘾。强迫性地浏览网页,查找信息,阅读八卦小道消息。

• 电脑成瘾。强迫性地参与电脑游戏或编写程序。

事实上,如果我们先背着孩子自我检视一番上面列举的各种成瘾现象,再说会儿悄悄话,一定有为数众多的朋友捂着胸口、苍白着脸说:"啊!我好像也有一点成瘾症状呀!我只要坐在电脑前,就会一直控制不住地看微博、读八卦、搜明星图片,甚至在收集正儿八经的资料时,也会收不住手,像着了魔一样,不断地打开每一个搜寻到的网页呢!"

如果现在你还嘴硬,还不承认自己有可能对网络着迷,那就再到地铁上、公交车上、机场候机大厅、医院候诊室前……去看看,看看有多少按理来说应该已经能控制自己行为的成年人,正拿着手机,两眼盯着那方小小的、发亮的屏幕,上网、发微信、写微博、看新闻……我们不得不承认,除了少不更事的青少年之外,已然成熟的我们，也依然逃不过那充满魅惑力的互联网，对我们所施下的巨大诱惑。（或填补心里那隐隐然的孤独和空白？）

所以，当我实在是找不到有什么方法可以立竿见影地直接解决掉促使瘾症发生的问题核心（例如，不让孩子参加竞争激烈的中考、高考了；或是家庭和乐美满，从此不再和孩子他爹或他娘吵架了！），而我们作为已成熟的成年人，自己都无法完全控制面对互联网的诱惑时，我只能给出一些"迂回"的方法，以便从"不让事情继续恶化下去"的角度，来帮助孩子度过这段险阻重重的关键时期。

二、帮助孩子远离网络的方法

1. 别把"网络"和"不学好的坏孩子"之间画上等号

"不好好学习，成天就知道玩电脑！""会玩电脑有什么用啊？又不能让你的数学考及格！""别净玩这些没用的东西，去！去！快念书去！"这是我们在遇到孩子喜欢电脑时最常用的语汇和思维。我们以为，对孩子的学习来说，"玩电脑"是唯一的因，而"成绩不好"就是必然的果。从心理学的角度来说，这确实是具有很好的补偿心理作用的思维逻辑，因为只要这么想，我们就觉得孩子的前途还是很有希望——只要他不分心玩电脑了，他的成绩就会上去了，所以千错万错都是电脑的错，非得把这"元凶"给灭了不可！

但是对孩子来说，他们最不能容忍的，就是父母对电脑的这个不公平推论。他们心中其实有一本非常清楚的账，他们知道电脑非但不是造成成绩不好的"因"，反而还有可能是成绩不好时可以安全躲藏进去的"壳"，甚至如果他是个电脑高手的话，这长项还是他足以在同学面前自信、骄傲的来源。所以当父母"诋毁"他的电脑时，他不但觉得反感，还会因反感和不公平，而更激动地捍卫自己的权利。

所以我的建议是，如果孩子确实迷恋电脑，成绩也确实不好时，先不要急着把所有的账都算在电脑的头上。要很公允、很实事求是地对待这个问题。例如，我们可以先给网际网络一个公允而正面的评价，承认它确实很棒、是现代科技最重要的发明,爸爸和妈妈自己也和他一样,已经完全无法缺少或离开它。我们可以很坦率地承认自己对互联网的依赖,承认需要利用它来工作、和朋友联系以及娱乐。

我曾经辅导过一个初中二年级的女孩。女孩的成绩不好,可电脑却玩得神乎其神。她所有和妈妈之间激烈的冲突几乎都和电脑有关。她告诉我自己最受不了妈妈的一点,就是妈妈认为电脑根本是个不需要存在的东西。她用很鄙夷的腔调和表情向我转述妈妈说的话:"干吗要用电脑打字啊?手写多好啊,我们以前不都是用手写的吗?上网查什么资料,要查资料就看书去!我们以前不都是上图书馆看书吗?!你别唬我,为什么做作业要上网?有什么话老师不会当着面说,还要你们上网去看?"

这位妈妈对电脑的"无知",反而模糊了她认为孩子沉溺在电脑前时间太长的焦点,让女儿和她之间的争执,变成"电脑需不需要存在",这么具有高度的辩论。当然,我们可想而知,没有与时俱进的妈妈,绝对是这场辩论的输家,她不仅被叛逆青春期的女儿嘲笑,也因为被伶牙俐齿的女儿绕进去而失去了管教的立场。

所以，当我们试图管教太沉溺于互联网的孩子时，千万不要攻击电脑或网际网络本身的价值，我们的立论点只摆在"时间太长"，而不是"不学好""没有必要"，这样就不会让孩子和我们自己都模糊了管教的焦点。另外，我还要提醒的一点是，沉溺于网络确实会影响学习，但它绝对不是让孩子成绩下滑的唯一原因。

2. 别和孩子斗法

别试图去装置那些上网控制器、监视器等被我们"误以为"能监视和控制孩子上网之类的东西，那样只会挑起孩子更高昂的"斗志"，让他花更多的时间和精力去破解密码或绕道而行。而一旦他们成功地打败了父母的装置，这种胜利不但会加强他对电脑的迷恋（请别忘了，对某些孩子来说，低成就经验，是他沉迷于电脑的主要原因，而现在他能打败威权，那更是不得了的成就），也会让他对父母的愤怒或鄙夷更深。

刚才我提到的那个初中二年级的女孩，就成天和母亲玩这种猫捉老鼠的游戏。不管她妈妈花了多少钱，买到了多么厉害的上网锁、控制器、监视器，甚至请通信公司干脆撤掉了家里的网络线,她都能在一天之内破解搞定。而且那次为了一款确实挺厉害的金钥匙,她还在上学期间逃课溜到快餐店里,上网进聊天室和同道们切磋了整整大半天,最后在放学前,终于成功地绕开了金钥匙所设下的障碍。

也许我们看见这个问题时,只看见了"装控制器"和"破解控制器"之间很简单的关系。但其实它却有更深一层的意义——它在鼓励孩子对我们说谎和挑战我们的权威。

我再说说那个初中二年级的电脑高手女孩。当一开始妈妈在电脑里装了密码锁,也旋即被她破解了之后,她并没有努力地去尝试掩盖这个事实。但一次、两次,冲突越来越激化了以后,她开始在每一次的破解之后,再花许多心思去隐藏这个事实,而她也从这隐藏的事实中得到了很长时间的自由和安静。食髓知味的她,于是开始在大事小事上故意表面顺着母亲的意思,可私底下却逃学逃课我行我素,直到最后中考成绩落地,终于东窗事发。

此外,父母对孩子来说,应该是具有示范作用、被敬仰尊敬的长辈，如果我们屡屡在自己所挑起的"战役"中"可笑地"落荒败北，不仅让孩子学会了鄙夷权威的傲慢，也会使我们渐渐失去作为长辈让孩子对我们所应该有的尊敬。

所以，我的建议是，不要去装置那些无事惹争端的东西，我们让孩子清楚地明白我们所明确坚持的立场，但我们不去做那些不信任他的事。我们希望他通过理解之后，在我们的帮助下，努力尝试着去节制自己的上网冲动，因为唯有这样，他才能真正地主宰自己的行为。

3. 不要赶尽杀绝

约定每天可以上网的合理时间，不要连电脑都不准他碰一下。因为孩子不仅不可能做得到完全不碰电脑，还会带来他背着我们偷偷摸摸上网的反效果。而且一旦他私底下提心吊胆地上网，因紧张兴奋而大量分泌肾上腺素，就会让他更感受到上网冲浪的快感，就更难以戒断自拔了。

我们可以这么做：心平气和并很温和合理地和孩子

开个家庭会议，最好全家人都在场。

- 首先，我们很温和但坚定明确地告诉孩子，上网不是一件坏事，它几乎是每个现代人都必不可少的获取资讯的手段。但是，由于学生的身份使然，他不能在网上停留太长的时间，以免影响其他应该承担的责任。
- 请孩子依据自己的学习情况，明确地计划一下，每天花多长时间上网，是最合理而实际的安排。如果他说自己最少需要一个小时上网来准备老师交代的功课，那么这一小时就不要计算在允许休息的时间之内。
- 说明完这次会议的目的，也听完孩子的现况说明之后，可以暂时休会，请孩子依据今天开会的结论，自己先做一份学习和上网的时间分配计划表，以及他喜欢浏览的网站有哪些，然后再择期或立即举行下一次会议。
- 第二次会议开始之后，请孩子对着大家详细地报告和解释自己的时间分配计划、固定拜访的网站甚至喜欢玩的线上游戏。如果爸爸妈妈对这份计划表有任何质疑之处，都可以用非常理性的态度，对事不对人地提出来，要求孩子进一步说明、解释或修正。

学习时间分配计划表

2011年6月

星期一	星期二	星期三	星期四	星期五	星期六	星期日
	从今天开始冲刺月考	1	2	3	4	5
	语文：需3小时复习 数学：需3小时复习 英语：需20小时复习 政治：需10小时复习 物理：需15小时复习 化学：需15小时复习	英语：复习1小时 物理：复习1小时 化学：复习1小时	英语：复习1小时 物理：复习1小时 化学：复习1小时	英语：复习1小时 物理：复习1小时 化学：复习1小时	英语：复习1小时 物理：复习1小时 化学：复习1小时	英语：复习1小时 物理：复习1小时 化学：复习1小时
6	7	8	9	10	11	12
英语：复习1小时 物理：复习1小时 化学：复习1小时	英语：复习1小时 物理：复习1小时 化学：复习1小时	物理：复习1小时 化学：复习1小时	物理：复习1小时 化学：复习1小时	物理：复习1小时 化学：复习1小时	英语：复习1小时 语文：复习1小时 数学：复习1小时	英语：复习1小时 语文：复习1小时 数学：复习1小时
13	14	15	16	17	18	19
英语：复习1小时 物理：复习1小时 政治：复习1小时	英语：复习1小时 物理：复习1小时 化学：复习1小时	英语：复习1小时 政治：复习1小时	英语：复习1小时 政治：复习1小时	英语：复习1小时 政治：复习1小时	英语：复习1小时 物理：复习1小时 化学：复习1小时	英语：复习1小时 物理：复习1小时 化学：复习1小时
20	21	22	23	24	25	26
英语：复习1小时 物理：复习1小时 化学：复习1小时 政治：复习1小时	英语：复习1小时 物理：复习1小时 化学：复习1小时	英语：复习1小时 物理：复习1小时 政治：复习1小时	英语：复习1小时 政治：复习1小时	政治：复习1小时 语文：复习1小时	政治：复习1小时 数学：复习1小时	政治：复习1小时
27	28	29	30 考日			
政治：复习1小时	挑选一门薄弱科目 着重复习一下	为明天的考试 养精蓄锐	胜利在望			

- 如果全家，包括孩子，都同意了这份计划，请孩子自己负责做个表格记录他上网的时间。表格中除了上网、下网的确切时间和所浏览的网站和游戏之外，还要记录每天上床睡觉的时间和复习各项功课的时间。

- 当孩子所提出的计划表在反复论证中得出了结论，并定案了之后，与会的全家人都必须认可并严格遵守这个协定。所谓"所有的与会者"，指的是大人和孩子，而不仅仅只是孩子。很多时候，当我们同意了孩子的计划之后，我们还是会不放心地盯着孩子，只要看见他在电脑前，就悄然而至，紧张兮兮地说：又在上网啦？完全忘了我们自己许诺的约定：允许他在约定的时间之内上网，而且，由他自己负责记录时间。

- 一星期或一段时间之后，全家人再召开一次会议，会议中孩子必须把自己所做的记录表呈交给父母检查并做详细的解释说明。父母在这个时候可以再提出有质疑的地方，或感觉需要"合理"地修正之处。

- 得出大家都同意的结论并散会后，请父母一定要信任孩子的自我掌控能力。我们可以在每一段时间之后，根据他实际的学习表现和精神状态，来"理性"地评估他是否遵守了合约规定。但是请千万不要一方面信誓旦旦地说相信孩子的自控能力，另一方面又偷偷摸摸地突击检查，或声东击西、自以为很高明地迂回探测。如果我们这么做了，孩子会觉得被自己的父母背叛，或父母根本就不信任自己的能力，更糟糕的是，我们会失去他对父母的尊敬。

4. 注意网络安全

网络安全，其实比因为上网、玩游戏而影响学习成绩更重要。半大不小的大小孩确实会因为在网络聊天室里结交朋友而染上一些坏习惯，或因为比比皆是的色情网站，而对性产生强烈的好奇和渴望。所以父母对孩子上网的关注，应该更留意的是他所浏览的网页和所结交的网友。

不让孩子背着我们偷偷摸摸地上网，是网络安全的第一要务。

我为什么一再强调必须给孩子一个合理的上网时间和空间，就是希望孩子不需要假借名义，到外面混乱的网吧里偷偷上网。在那里，除了会认识一些志同道合的朋友之外，也会因网吧里夹杂着兴奋和颓废双重情绪的末世氛围而影响了他自己的人生观，网吧里充斥着的烟、酒、速食面的气味以及二氧化碳污浊的空气，当然也是让孩子精神萎靡的重要原因之一。

孩子不需要溜到父母目光之外的地方上网，意味着他可以光明正大地和父母讨论在网上所遇到的朋友和所发生的事。这个对关注孩子的网络安全尤为重要。很多少女在网络上被别人诱拐，出去和网友见面之后，父母就再也找不到她了。这种情形在国内屡见不鲜，在外国也是最让家人和专家担心的部分。

所以我们宁愿知道他认识了什么朋友，在跟谁聊天。如果他想去和网友见面，我们还可以送他去，陪着他，自己安静地坐在餐厅远远的另一个角落看书，不干扰他，让他独自跟那个人见面聊天。我的建议是，不要不准他去和网友见面。如果你不准他去见面，他极可能还是会自己偷偷地跑去见面，那样我们反而会失去保护他的机会。

网络安全，除了上述这些众所周知的人身安全之外，当然也包含了健康的问题。从健康的角度来看，我到底一天能在电脑前待多长时间？有没有什么需要留意的事？或做些可以保护眼睛、肩颈、腰背健康的运动？这些也都是我们为人父母必须为孩子考虑的问题。

5. 给孩子足够的安全感、成就感

给孩子一个不需要去虚拟网络中寻求才能得到的安全感和成就感，是戒断"互联网成瘾症"最有效也最根本的方法。

我在这里抄录一段研究人员对上网冲浪和迷恋线上游戏的心理原因分析，希望能提供给正忧心忡忡的家长们一些可以着力的地方。

以下是台湾的陈庆峰先生在对青少年线上游戏成瘾的研究中，所归类出的三种在线游戏的特质：

• 角色扮演。在日常生活中，我们无法任意地改变我们的模样，然而，在在线游戏中，玩家可以随着自己的想象和理想，赋予自我的角色信息，并扮演和本身个性截然不同的角色。角色扮演赋予了匿名性与暧昧性，也因此社会风险比起现实社会降低许多，让很多人觉得有安全感。

- 虚拟社群。在线游戏赋予虚拟的空间里有传播及文化的意涵,人们的想象力及创造力在这个空间下交会互动,创作出一个虚拟社会。参与这些虚拟社会的玩家往往都会有四类共同的需求:兴趣、人际关系、幻想、交易。

所谓兴趣,是指玩家们都对"次在线游戏"有兴趣,会主动收集相关的信息,一旦发现一群和自己有相同兴趣的人,很自然地就会聚集在一起交流并共享信息。

所谓人际关系,是指我们会渴望向有相同经验的人互诉一些新的、强烈的经验。即使在虚拟社群里,玩家也可能因为彼此的兴趣相同或志同道合,逐渐发展出友谊、伙伴等关系,使得玩家从中获得"社会支持"与"归属感"。

所谓幻想,是指利用在线游戏的匿名性,使玩家能创造一个充满幻想与娱乐的虚拟世界。在游戏公司的设计角色下,玩家可以选择如魔法师、剑客等一些冒险故事中的英雄角色,在自己的控制下玩出自己所向往的幻想世界。

所谓交易，是指在线游戏为强化玩家忠诚度的手段。在游戏内设计各种增强能力的宝物，玩家可在冒险后取得，或经由交易向其他玩家取得。间接增加游戏的耐玩性以及玩家间的互动，使玩家更能投入于在线游戏中。

- 远距临场感。远距临场感指的是个人在传播媒介的环境中所体验到的"临场感"。这种"虚拟实境"指的是由计算机先创造出一个环境，再借由人类内在的心理认同所产生的一种真实感觉。

除了一些在线游戏的主要特质吸引玩家外，另外也有研究显示，许多玩家是为了打发时间而玩在线游戏，或是被参考团体（朋友或同班同学）所怂恿。

第七章
帮青春期孩子跨过焦虑抑郁的"险难"

我在着手写这一个章节之前,曾在我的微博上做了个小小的微调查,请我的微博网友们告诉我,有关青少年抑郁的话题是不是很重要?需不需要我在书里提及?结果在短短的一个多小时之内,有好几百位网友回复了我的问题,他们一致告诉我这是个很重要的问题,有些朋友还叙述了自己在中学时的"抑郁经验",以及现在身边朋友正面临的困扰。

国内外青少年专家们的研究结果也支持这个说法。青少年抑郁,已经是每一个国家或政府所密切关注的课题,不管这个国家或地区的孩子需不需要面临严峻的升学考试,在富裕的现代社会里被娇宠地养大的孩子,似乎比生活在艰苦年代的人还要沮丧。

一、日益普遍的青少年抑郁问题

现在，就让我们先来看看下列这些让人读了触目惊心的统计数字：

• 香港青年协会就青少年情绪问题进行了一项问卷调查，访问了1133名年龄在12岁至20岁的中学生。调查结果发现，五成受访学生在问卷调查前的一星期内出现过抑郁情绪症状，虽然不能由此判断出这些学生是否患上抑郁症，但却显示香港学生出现抑郁情绪表征的情况甚为严重。

调查又发现，出现抑郁情绪症状的青少年最受困扰的事件包括：学业（85.4%）、与家人关系（65.4%）、个人经济（61.4%）、同辈关系（59.3%）以及外表（59%）等。值得留意的是，这些青少年对某些困扰事件的求助率相对很低，例如他们遇到和外表有关的情绪问题时，求助率只有27%。

- 台湾董氏基金会对台北市、台北县等地20所初中、高中进行问卷调查。调查发现，大台北地区的青少年84.2%曾经感到忧郁，必须注意的是，其中每天都会感到忧郁的人占了15.3%，平均一个星期就会感到一次忧郁的孩子占了33.6%，而26%的青少年每次忧郁的时间至少持续一天，2.6%的青少年会持续一个月以上。

这些有情绪困扰的青少年的压力来源居前五位的依次为："课业、考试成绩不佳""父母对自己的期待过高""人际关系""身材外貌""与父母的关系不理想"。

- 日本北海道大学研究人员的一项调查结果显示，有4.2%的中小学生患有抑郁症或躁郁症。其中，患抑郁症的学生占3.1%，患躁郁症的学生占1.1%。调查还发现，精神疾病患病率有随年龄增长而递增的趋势，小学四年级学生的患病率为1.6%，五年级为2.1%，六年级为4.2%，中学一年级学生患病率则高达10.7%。此次调查的对象为北海道地区的8所小学和2所中学的738名学生。

- 韩国一份社会调查结果显示，每10名韩国中学生中，就有6名患有抑郁症状或产生过自杀念头。韩国国会教育科学委员会所公布的《2008年青少年健康状况》调查结果显示，近一年来出现抑郁症状（连续两周出现情绪低落、兴趣丧失、无愉快感）的学生比例为38.8%；产生过自杀念头的学生比例也高达18.9%。在对400所初中、400所高中的7万多名学生进行的调查结果表明，女学生患抑郁症的比例（44.3%）比男学生（34%）高，学生年级越高，患抑郁症的比例也越高。

• 美国联邦政府调查报告中披露，2007年，全美有超过200万名12岁到17岁的青少年，曾患上严重的抑郁症，占这一年龄段青少年人口总数的8.5%。此外，美国卫生部所属药物滥用和心理健康服务机构的调查报告显示，女性青少年患有严重抑郁症的比例为12.7%，男性青少年为4.6%。这项研究的研究人员说，他们所定义的严重抑郁症为：在两周或更长的时间内心情抑郁、对事物失去兴趣、睡眠质量不佳、注意力不集中和自信心下降等。报告说，近一半患过严重忧郁症的青少年表示，忧郁状态影响了他们处理与亲友关系的能力，以及在学校和工作场合的表现。最严重的情况是，他们在平均58天的时间内无法正常生活。在美国，抑郁症是导致自杀的首要诱因，也是15岁到24岁青少年的第三大死亡原因。

• 英国几家和青少年有关的慈善机构与政府合作，在英国每个郡的主要城市中，各调查750名年龄在12岁至16岁之间青少年的情绪健康状况。结果发现，有8%的青少年承认自己曾经或正在遭受重度抑郁症情绪的困扰；有1/5至1/6的学生认为自己有抑郁倾向。

……

看完这几份调查报告之后，我相信绝大多数家有正在面临人生最具挑战性时期的青少年的父母们，都会忧心地倒抽一口冷气，也开始担心自己的宝贝孩子是不是正在和抑郁症苦苦地挣扎搏斗。

不过，好消息是，青少年时期的抑郁情绪，又被精神医学和心理学专家们称为"情境性抑郁"（Episodic Depression），意思是指青少年抑郁症并不是完全如同成年人的抑郁症，它和青少年的学业成就、人际交往能力有关，是可以通过一定的技巧（不一定需要吃抗抑郁药物），就可以缓解或痊愈的。只要我们留意孩子的早期情绪症状，给予适当的帮助，就不难让孩子的脸上重现阳光般的灿烂笑容。

现在我们来看看，孩子的哪些表现有可能是在向我们求援，是在告诉我们他正经历着情绪的困难，正急需我们充满爱心和耐心的关注。不过，在我们继续检视这些表现之前，我必须很郑重地澄清一个观念，那就是这些帮助我们留意孩子情绪困难的表现，并不是用来诊断他是否罹病的唯一工具，也不是让焦虑的父母们对号入座的量表。

我曾经在国内某一个城市的演讲中，遇到过一个让我很难过、很心疼的例子。在演讲会后预留的问答互动环节里，有一位年龄已超过60岁的"老"母亲，她的儿子正在念高三，已服用强迫心理症药物长达9个多月的时间。这位心急如焚的老母亲告诉我，自从儿子服用强迫心理症的药物以后，就懒洋洋地出现了厌学的现象，现在基本上已经不愿意再去学校了。

当这位老母亲述说儿子的症状时，她那正在念高三的儿子居然就坐在会场的第一排，我除了对他的顺服大吃一惊之外（哪个青少年会让自己的母亲在大庭广众之下把自己并不算光彩的私事这般宣扬？），也顺便偷偷地观察他的强迫行为症状。可是在我聆听他母亲絮絮叨叨述说的近5分钟时间里，并没有观察到他出现任何足以让我担忧的情绪或行为。我于是非常婉转而谨慎地询问这位母亲，是因为儿子的什么强迫性行为表现而决定带他去看精神科医师并服用药物。结果这位母亲老泪纵横地告诉我，马上要参加高考的儿子成天迷恋上网，医师说他得了上网强迫症，所以必须吃精神科的强迫心理症药物！

所以，我恳请家长们，在以任何量表检视孩子的心理或行为时，都要抱持着以理性思考的审慎态度，既不病急乱投医地胡乱对号入座，也不因羞愧而讳疾忌医而延误病情。让孩子得到最适切的帮助，才是我们作为成熟的成年人所应当保护孩子的方法，同时也是我们为人父母所应尽的责任。

一般性抑郁情绪的征兆和表现：

- 总是表现出情绪低落和绝望。
- 烦躁不安,容易发脾气,或充满敌意。
- 流泪,或偶尔痛哭失声。
- 不愿和朋友交往,对家人也一样。
- 对任何活动都没有兴趣。
- 饮食习惯和睡眠习惯变得和从前不一样。
- 坐立不安,容易被小事激怒。
- 感觉自己没有价值或有罪恶感。
- 失去热情和动机。
- 疲倦或没有能量和动力。
- 对任何事都无法专心。
- 总是表现出烦恼和忧心忡忡。

二、青少年的抑郁情绪症状

青少年的抑郁表现和成年人有些不同,而这往往也是帮助父母和师长早期觉察的征兆,以下是青少年抑郁症的常见反应。

1. 非常容易烦躁和暴怒

成年人抑郁时，情绪的表现主要是内向的悲伤和忧郁。但青少年的抑郁表现却以外向的烦躁为主。他们经常一改往常的温顺，表现出暴躁易怒、具有敌意和攻击性、容易受挫折和突如其来地大发脾气。而令人惋惜的是，这些外向的情绪反应却常被大人们以一句"唉！这年头的青少年真是不好管教啊！"来一笔带过，或生气地以为孩子学坏了、不服管教了，而把管教的绳索拉得更紧。

2. 身体会有不明原因的疼痛

有情绪抑郁问题的青少年常抱怨自己身体某部位疼痛，例如最常见的头疼和胃疼。如果经过详细的医学检查却找不出疼痛的原因，那么我们就要细心留意孩子是否需要情绪上的帮助。

根据一项得到国际医学重要奖项、论文发表在《神经学》国际期刊的研究显示，20%有慢性头痛的青少年患有抑郁症，医师推测，这两者之间可能和体内的血清素有关。

慢性头痛，指的是每个月有超过 15 天以上的日子有头痛，平均每天头痛 2 个小时以上，且持续至少 3 个月。值得一提的是，在每日遭受慢性头痛的青少年中，"预兆"偏头痛患者的自杀倾向更高。所谓预兆偏头痛是指，在头痛之前，眼睛看见闪光亮点，身体一侧没有力气，或是感到刺痛、酸麻，以及突然说不出话来。

3. 对批评变得异常敏感

有抑郁倾向的青少年总觉得自己毫无价值，一无是处。他们非常在乎别人对自己的看法，总是把衡量个人价值的标准建立在别人所给予的评价上。所以他们对来自长辈或同伴的批评极为敏感，哪怕是一句带着些批判性质的玩笑，都会被他们认为是拒绝的表示，同时也意味了自己的失败。这种情绪反应尤其容易发生在那些学业上表现优秀，因而对自己期望过高的孩子身上。

4. 拒绝某些人，但不是所有的人

成年人抑郁时，会把自己完全关闭起来，拒绝和所有的人互动。但青少年抑郁时，虽然也会减少和他人互动的频率,和同学朋友出去玩的频率减少,但却不会把自己完全封闭起来。他们会继续保持几段特殊的友谊。一般来说,他们所关闭的沟通之门以父母为主。此外,一个比较容易辨识的征兆是,他会突然结交起另一帮和从前完全不同的朋友。

从以上青少年有别于成年人的抑郁表现,我们就不难理解为什么专家们会如此关心和紧张。因为除了青少年的抑郁症状跟成年人不同、不容易在早期就被察觉以及某些表现容易被大人们误解之外,他们也不像成年人那样懂得向人求助。许多有抑郁症倾向的学生潜藏在学校内,不仔细观察根本看不出来,再加上不少老师或家长误以为孩子缺课多,白天在教室里昏睡,早上又爬不起来上学是偷懒的现象,除了不断施压、恶化症状之外,也忽略了孩子可能有抑郁的情绪困难。

以下是专业心理治疗师和教育专家们教给父母们的一些如何去留意和辨识的原则:

在下列情绪表现中,只要在"两个星期之内"出现"至少五种以上",就可能需要更进一步的帮助:

- 几乎每天都心情不好，很沮丧。
- 对以前很喜欢的活动不再感兴趣。
- 非常明显的体重增加或下降，或对那个年龄的孩子来说，太瘦。
- 睡得太多，或太少。
- 感觉很烦躁不安、容易冲动发怒，或无精打采、昏昏欲睡。
- 疲倦，或没有力气、能量不够。
- 感觉自己毫无价值，或没有必要地感到罪恶。
- 无法集中注意力，或每天对任何事都犹豫不决。
- 周期性地想到死亡或自杀。

不过，在这里我必须再次强调的是，青少年由于激素分泌改变、学业压力、同伴压力等缘故，情绪表现得高低起伏是很正常的事。大部分的青少年都经历过"今天情绪很 high""明天情绪又很 down"的戏剧化过程，这是正常现象，我们不需要为这个而大惊小怪。但医生提醒我们的是，如果这种剧烈起伏的情绪或某些行为表现，例如不能入睡、吃得太多或太少等，持续了比较长的时间，例如至少两个星期，那么我们就要比较细心地留意和观察了。

另外，还有一个很容易被父母师长误认为孩子故意惹事捣蛋的情绪症状——"躁郁症"，在青少年这个阶段也容易出现，它的发生比例大约是抑郁症的1/2左右。我们现在来看看它的表现症状有哪些：

- 激烈的、夸大的、高亢的情绪表现。
- 抑郁、忧伤。
- 快速的情绪转变。每一个情绪可能持续几个小时至几天。
- 身体活动和心理活动明显增加。
- 反抗权威。
- 对睡眠时间的需求量减少。
- 失去判断的能力，冲动，喜欢竞争，控制不住地爱说话。
- 过度喜欢具有享乐刺激性但危险性高的活动。
- 不务实，有浮夸的幻想。
- 严重时，有可能产生幻觉。

那么，有情绪困扰的孩子们是怎么看待自身的"抑郁"问题，并如何排解自己的情绪困难呢？（我知道，我在这儿逼得太紧，但父母们还是得知道全貌啊！所以我们只有继续揪着心、绷着弦了！）

根据国内一份调查资料显示，青少年自己感到抑郁的原因，有56.7%的人认为是课业因素，50.9%的青少年认为是人际关系的因素，45.6%的青少年认为是考试的因素所造成的。此外，青少年在感到抑郁时，有54.1%的人会告诉朋友，36.7%的人会告诉同伴，只有18%的青少年会告诉父母，不过还有高达28.2%的青少年表示感到抑郁时"无人可说"。只有1.8%的青少年感到抑郁时会告诉专业的辅导人员。

另外，交叉分析结果显示，感到"抑郁时无人可说"的青少年，每天感到抑郁的比例明显高于感到抑郁时有人可以倾吐的青少年。这个结果绝对是值得我们家长和老师警惕并深思的。

在看完所有和青少年抑郁有关的数据和资料之后，现在，让我们来看看家长有没有什么可以帮助孩子走出情绪阴霾的方法。

三、造成青少年抑郁情绪的原因和应对措施

"对症下药"和"知己知彼"是应对任何情绪问题最好的策略。所以就让我们从诱发青少年抑郁情绪反应的因素开始说起。

1. 影响青少年抑郁情绪的因素

（1）学业和升学考试的压力。首要因素，当然是青少年最感负荷的学业和各种升学考试。这部分内容我已经在前面的章节里有过非常深入的讨论，在这里就不再赘述。不过，在看过所有国家和地区青少年抑郁症的成因时，我们不得不承认，学业压力确实是孩子青春生命中最难承受之重。

（2）自身条件影响。青少年会因为自身条件，例如觉得自己长得不漂亮、个子太矮、太胖、家里条件不好、不够聪明等因素，而影响了他在同伴间的人际关系和自我定位。在前面的章节中，我们已经知道对青少年来说，"同辈认同"是他最在乎的一件事，而"同伴压力"也是让他最难面对的情绪压力。

（3）和父母之间的关系。我在辅导有情绪困难的孩子时，最难以处理的问题，就是孩子和父母之间的沟通管道是完全关闭的。因为在帮助孩子走出阴霾的心理辅导中，治疗师最需要的就是来自父母的协同工作，如果父母在这一方面完全使不上力，我们就还得在辅导孩子的同时，再分出精力去解决他和父母之间的矛盾。

根据我个人的经验，最让人感到遗憾的是，许多原本只是偶尔感受到抑郁情绪的青少年，却因为和父母之间的矛盾无法解决，而让本来只是轻微的抑郁情绪演变为更严重的状况。例如，当孩子因抑郁情绪而入睡困难，又因睡眠不足而无法立刻起床时，父母的第一个反应通常是他故意偷懒、不好好学习。如果这个时候孩子愿意告诉父母他实际的情绪状况，那么父母就一定会正视这个问题，这样孩子的情绪问题可以得到重视，进一步恶化的情况也就不会发生了。

2. 帮助孩子应对情绪困扰的方法

（1）让孩子对我们打开心门。我们在关注孩子情绪问题的同时，也得学会让他对我们敞开心门的方法。此外，当孩子告诉我们他有情绪的困扰时，千万不要不当一回事地说："你会有什么困扰啊？不愁吃不愁穿的，不就是让你好好学习吗？哪能就抑郁了！这么多的借口！"我们的不经意，对孩子来说，就是把一扇最重要、最能帮助他的倾诉之门给关上了。

如果我们观察到了他的情绪和行为变化，或者孩子确实对我们提及了他的情绪困扰，我们可以这么说：

"妈妈发现你最近好像不太愿意吃东西，和同学也不太常出去玩了，有什么事困扰你吗？要不要告诉妈妈，让妈妈帮着你看看怎么一起解决？"

如果孩子说"没事，只是最近功课太多，有点累了"，那么我们就接着说：

"好，我明白，我也发现你最近的功课的确太多，压力太大了。不过，如果你有任何不开心的事，都要告诉妈妈哦，妈妈很愿意听，也很愿意帮着你一起解决。"

如果孩子对第一个问句的回答是："我也不知道最近是怎么了，晚上睡不着觉，不想吃饭，又总是想掉眼泪，总之就是心里不开心！"我们就这么回答：

"哦,是吗,来,告诉妈妈这种情况有多久了?最近常常这样吗?我们来看看有可能是什么原因造成的……"然后可以陪着孩子一起检视他的生活中或人际交往中有哪些导致情绪困难的因素,并且帮着他一起找出应对的方法。

我相信,也许有些心细的朋友发现了我的一点"语病",那就是我总是用"妈妈"而不是用"爸爸"来举例说话。是的。美国明尼苏达大学的艾琳·塔利博士做了一个调查研究,她以568名自小被领养的青少年,以及446名和亲生父母住在一起的青少年为研究样本,研究结果发现,如果这些孩子的"母亲"有抑郁情绪,那么青少年本身的抑郁情绪也会显著出现,其中,亲生子女的反应更为明显。但是爸爸的抑郁情绪对孩子的影响就小得多。

而这也就是为什么我总是喜欢和母亲说话,写的书也总是以女性读者为主。我经常喜欢描述一个画面给母亲们听,我说,当孩子从外面回家时,推开门的第一句话总是:"妈,我回来了!"然后才是:"哦,爸,您在家呀!"

(2)营造和睦、融洽的家庭氛围。女人,不管是以妻子的身份还是以母亲的身份,对一个家庭来说,都是力大无穷的情绪支柱。男人从外表看起来好像是一个家庭的顶梁柱,但让这根顶梁柱稳稳地、牢牢地立在那儿的力量,却是女主人的情绪。只要一个家庭中女主人的情绪稳定、成熟,那么这个家庭里的孩子就不会错到哪里去,家里的男主人也不会出格到哪里去。

所以我们说,家庭的氛围当然是影响孩子情绪稳定与否的至关重要的因素。我相信,所有的父母都能理解,一个成长在幸福和美的家庭氛围里的孩子,和一个成长在争执暴烈的家庭氛围里的孩子,所负担的情绪重担是不可同日而语的。

(3)保证充足睡眠。美国一项受到各界瞩目的科研结果证明,"睡眠不足"会导致青少年出现抑郁症情绪,甚至产生自杀念头。研究人员说,和那些晚上10点前就上床睡觉的青少年相比,午夜后才睡觉的孩子,患抑郁症的可能性要高出24%,产生自杀念头的可能性则高达20%。而每晚睡眠时间少于5个小时的青少年,患抑郁症的可能性要比平均值高出71%,产生自杀念头的可能性则高出48%。原因是,充足的睡眠,有助于自律神经的稳定，睡眠不足或睡眠质量差，则容易造成交感神经亢奋而诱发焦虑的情绪。

这项研究的负责人、美国哥伦比亚大学医学中心副教授冈维奇说："我们的结果，强调缺少睡眠可能引起抑郁症，但反对简单地把失眠归为抑郁的症状。因此，充足良好的睡眠，应该是预防抑郁症的措施和治疗手段。"

因此，如果家里的青少年正面临着升学考试，又不得不牺牲睡眠时间来复习功课的话，我们就要保证做到几件事：

- 保证他每晚至少有 6 个小时以上的睡眠。
- 保证他每天都有足够呼吸新鲜空气的机会。例如，可以在每天放学后到公园待上半个小时，跑跑步、做做伸展运动，周末去运动场打一个下午的球。
- 保证他有充足而均衡的营养摄取，尤其是具有舒缓神经系统压力的绿叶蔬菜的摄取更是重要。

（4）加强运动。缺乏运动，是研究显示出的另一个引致抑郁症的原因。运动时能够使身体得到放松，产生抗交感神经兴奋的作用。因此调查数据显示，有运动习惯的青少年罹患抑郁症的比例比较低。可惜的是，从各种统计调查发现，男生舒压方式排在第一位的却是玩游戏机或线上游戏。近65%的小男生感到有压力时，会借助打游戏来排解，运动则被排在了第五位，占45%。但这两项都是女生不常用的舒压方式。小女生喜欢用静态的"看电影"和勉强可以称之为运动的"逛街"来减压。

所以，当我们观察到了孩子的情绪困难时，帮助他们从繁重的课业中规划出一小段运动的时间，和建立一个固定的运动习惯，会是一个很好的抗抑郁方法。以前我在医院从事心理治疗工作时，就总是要求有情绪困扰的个案，让其父母或家人盯着每天跑步至少1千米，或在泳池里游泳至少5个来回，而这个方法也屡屡被证明确实有效。

（5）拒绝垃圾食品。英国食品健康卫生当局进行了一项对3500名生长在中产阶级家庭里的青少年所做的研究。研究中把这3500名青少年分成了两组，第一组的饮食内容，营养均衡，包含了大量的新鲜蔬菜、水果和鱼类；第二组的饮食中，则以经过加工的垃圾食品为主，其中包含了油炸食物、罐头肉类、甜点等。在经过一个月的控制饮食之后，比较两组的情绪状况，结果发现，只吃垃圾食品的第二组青少年的抑郁情绪，要比吃大量新鲜食品的第一组青少年高出了58%。

（6）适度看电视。美国一项研究发现，青少年看电视时间太长，成年之后比较容易罹患抑郁症。美国匹兹堡大学和哈佛大学医学院等机构的研究人员，对4142名青少年，进行长达7年的追踪调查，结果发现，其中308位青少年，在7年之后罹患了抑郁症；而这些人在青少年时期，看电视的时间，比其他人平均每天多了22分钟。研究人员由此推算，青少年看电视的时间，如果比平均时数多出1小时，长大后罹患抑郁症的可能性会增加8%。研究人员判断，青少年看电视的时间过长，容易罹患抑郁症的原因，可能是因为看电视占去了青少年的社交活动时间，让青少年得不到足够的人际互动。此外，青少年看太多电视，大脑发育会因睡眠时间减少而受损；而且一些电视节目与广告，会使青少年产生自卑、焦虑或恐惧等心理状态，而这些心理状态都与抑郁症脱离不了关系。

（7）远离烟草。一项新的研究表明，吸烟可能会导致青少年抑郁。这个研究结果与目前公认的有关抑郁症患者可能是为了缓解压抑的心情才吸烟的看法截然相反。这项研究发现，吸烟的青少年在一年内患严重抑郁症的可能性是不吸烟者的4倍。研究人员推测，尼古丁或吸烟的其他副作用可能对中枢神经系统有抑制作用。

领导这项研究的辛辛那提儿童医院医学中心的青春期医学专家伊丽莎白·古德曼说："支持这一推测的事实是，有证据表明，抗抑郁药物有助于治疗尼古丁成瘾。"这项研究的报告发表在美国儿科学会的《儿科学》月刊上。

这项研究分析了美国所进行的一项青少年健康调查的数据。接受调查者包括8704名最初没有抑郁症的青少年和6947名最初不吸烟的青少年。当研究人员考虑可能促使青少年吸烟的其他因素如有吸烟的朋友和成绩不好时——证实吸烟是导致抑郁症的原因之一。

（8）关注过敏症状。美国明尼波利斯医学中心的心理学家针对36个患有过敏症的青少年，进行了一项长达3年的追踪研究，研究发现，受各种过敏症困扰的青少年中，有69%的人在过敏发作时，同时有焦躁的情绪反应；63%的人觉得身心都十分疲倦；41%的人觉得睡眠困难，早上无法起床；31%的人感觉抑郁，同时想哭。

（9）遗传因素。当然，我们不得不承认的一个事实是，青少年抑郁有明显的遗传基因因素，而且父母开始出现抑郁情绪的年龄越小，青少年也同样会出现越早发生的遗传迹象。

如同我在本章一开始时就说的一样，好在青少年抑郁和成年人并不完全相同，对于精神和心理医学界所称的"情境性抑郁"，专家们建议需要服用药物的严重抑郁症的黄金治疗期，是症状最初出现的半年之内。所以，只要我们能及早留意，不仅情境性的抑郁可以得到完全改善，就算是已经属于精神医学范畴的抑郁症，也能在及早的护理下得到很好的缓解和改善。

最后，让我们一起祝福天下所有正在经历人生最剧烈激素震荡期的孩子们，都能健健康康地度过"险滩"，快快乐乐地成长，并能够幸幸福福地享受接下来的美好人生。

尾声

Even as kids reach adolescence, they need more than ever for us to watch over them. Adolescence is not about letting go. It's about hanging on during a very bumpy ride.

——罗恩·塔菲尔博士 美国家庭心理学家

即使小孩子已经长大成为青少年,他们比从前更需要我们的关注。青春期并不代表"放手",它更像是行驶在一段颠簸不平的路面上,而更需要紧紧地握着把手。

为了和"正在紧紧握着把手"和"即将紧紧握着把手"的朋友们共享孩子成长的喜悦,也为了给我们自己加加油、打打气,我特地抄录了一篇情深意重的文章。

这篇文章是由一位叫作文安·米尔思的母亲所写的，刊登在1981年的《读者文摘》上，文章的名字叫作"空巢的季节"。我相信，她温馨的文字和丰富的感情，将带给你和我一样的深深的感动和无尽的希望。

空巢的季节

还记得孩子用小帐篷睡觉，到了半夜却怕熊出现，偷偷地溜回床上吗？还记得孩子急着想上幼儿园，背上书包觉得那么骄傲，可真的上了幼儿园却又哭着不想上学了？还记得孩子怒气冲冲用硬纸板捆了个包袱，冲着你大叫：你再也看不到我了！然后，走到院子里又折返回来，因为他忘记上厕所了。

盼呀！盼呀！孩子终于长到二十多岁，步入成人的世界，开始摸索自己的道路。可是他还是老样子，逞强好勇，行事冲动，虎头蛇尾，做出令人啼笑皆非的错事。他总是又想做，又不想做，才说完"再见啦，妈妈再见！不用替我担心！"不到一个星期，他又跑回来了，一下子借油漆刷子，一下子少了保险丝，一下子缺了扫把，他在储藏室里待了大半天，找到一条被小狗咬得烂烂的毯子，挖出几个死老鼠味道的沙发靠垫，然后高兴地大叫："这恰恰是我想要的！"于是，高高兴兴地载满了一车子的破烂东西离去。

当孩子说："再见啦，再见！"我以为是永远的再见。然后，某天吃晚餐的时候，他不知道又从哪里钻出来，盯着桌上熟悉的美味佳肴，垂涎欲滴地叹息。这一次，他带走四大袋食物，连家里的电热锅、食谱都搜刮一空。

父母希望他常常来电，但是他偶尔才记得打电话回家，而且永远是对方付费。每次来电他所说的事情，总是令父母一夜白头、寒毛直竖。他说："所以喽，他下车时，忘了拉手刹。结果我的车子从坡上往下滑了三条街，最后全撞烂了！""很简单嘛，我的条件最差，所以第一个被开除了嘛！不是什么大不了的事情。我把音响卖了，而且……"

"拜托，老妈！这里大家都用这玩意儿！就是那种抓蟑螂的东西，放在水槽下面的嘛！"

在那些日子里，我总是两手紧紧地抓着话筒，希望可以像从前，用他们喜欢的东西——学打鼓、零食随便吃或其他任何事情——来贿赂他们回家。我总是克制自己，不唠唠叨叨提醒他早餐趁热吃，过马路要小心，雨天要穿干袜子。

相反地，我只告诉他们："很不错噢，你事情处理得很好嘛！"

孩子各奔东西。父母两人相依为命，怀念着手臂上那个甜蜜可爱的小婴儿、好多补丁的牛仔裤、孩子的麻疹、发生意外的那个晚上、全家共度的圣诞节还有盛大的毕业典礼。他们满心喜悦地想着过去的种种，感受为人父母的骄傲，他们努力不干涉孩子的生活，在一旁尽心守护。这是个空巢的季节。

日子渐渐过去，慢慢有了改变。好像有些美好的事情发生了，好像可以感觉到一些好的改变出现了。等到父母开始拜访孩子，他们就更加确定，到底是什么好事情发生了。

儿子在桌上铺条毛巾，有效率地在他最好的长裤子上，烫出笔挺的褶痕（妈妈心里边想着，下次替他买个烫衣板带来）。"我要带你去法国餐厅吃晚餐，"儿子宣布，"我已经预约好了。"

"我穿这样行吗?"妈妈问道,突然觉得有点不好意思。儿子步履稳重,引领着母亲穿过马路,手臂轻轻地围着她的肩膀。

女儿把父母当成贵宾,请他们坐在房里仅有的两张椅子上,自己坐在地上的抱枕上。她自己剪剪弄弄,养了不少植物,把墙上装饰得十分美丽,还花了三个周末,把小衣柜整修得很体面,在阳光下闪闪发亮。

父母惊讶地看着爱女。房间在她的巧手下,化腐朽为神奇。"真不错!"父母很真心地赞美着,"这才是个像样的家!"

"现在?此时此刻吗?"没错,美好的事情,确实在此时此刻发生。父母与孩子彼此相视而笑,仿佛互道恭喜。孩子已经不再是孩子了。父母很惊讶地发现,他们已经是大人了。

这种感觉真是美好,连我的想象力都没有想象到过的美好。我真的从来没想到,孩子长大后会是这个样子。那个害羞的孩子,不知何时展露出才华,竟然能在电视节目里侃侃而谈。那个青春期在家里打"第三次世界大战"的孩子,竟然献身于辛苦、需要体贴敏感的服务工作。那个不爱读书、古怪、折磨老师的孩子，竟然变成学者，不但能忍受教学的辛苦，还经常工作到半夜。

我完全没有料到，自己的孩子变成年轻人之后，感情表达这么直接，这么开放。他们可能在这一秒钟嘻嘻哈哈，下一秒钟就认真严肃地反省事情；我也没料到，长大这件事情，会让他们开始买保险、买西装、借钱给小时候和他抢棒棒糖的兄弟姐妹；更没有料到，走进他们的家里之后，会听到音响里放着莫扎特的音乐，还可以找到几本我也想看的书。

很久、很久以前，我曾经等待九个多月，才看到他们的样子，刚落地的美好生命。"哦，你看！"我高兴地叫着，立刻爱上这全新的小生命。但是，现在我的孩子再度带给我生命的惊喜，让我再度爱上他们全新的生命。

女儿和我能够自由自在地分享内心世界，以及所遇到的任何事情。她的声音和动作，总是让我想起她的祖母，或是我的祖母。我们被无意识的神秘事物联结在一起，并且受神灵保佑，让我们能够心意相连。我只要转头看她,她就会注视着我,对我微笑。

儿子一年好不容易放个假,飞了大老远回家。他在厨房里围着我打转,掀开锅盖尝东西,替我拿碗盘。

我们有时一起晒太阳,有时坐在一起,各读各的书。

他喜欢跑步,我喜欢照顾花草,偶尔我们一起在海边追逐浪花,一直聊天、玩牌到三更半夜。我觉得非常快乐。

"可是,这是你难得的假期呀!"我提醒他,"我们该做些什么特别的事呢?"

"就这样,"他说,"这就是我想要的假期。"

当我的孩子长大,第一次离开,我觉得他们好像要去外太空,伴随着一道时光,咻地朝向未知的天际飞奔而去。我知道,跟着他们飞上去是自己做不到的事情。于是我以为自己终于失去了他们,不再是父母了。然而并非如此,当父母最好的时刻,也是最后的部分终于来临:我们与孩子变得更亲密,所有为人父母的辛劳,终于在此刻得到报偿。

作者简介
金韵蓉

资深心理学家，婚姻与亲子关系专家，《时尚Cosmo》杂志专栏作家，北京大学光华管理学院EMBA《女性领导人心理学》课程讲师，拥有扎实的心理学学院教育背景以及十余年的临床心理辅导工作经验，曾做婚姻治疗师8年，儿童心理和行为治疗师6年，为多家国际企业举办关于员工"顾客心理学""减压管理""潜能开发"以及"表达技巧"的培训课程。著有《你要的是幸福，还是对错》《先斟满自己的杯子》《幸福女人的芳香生活》等。

用西瓜视频扫描二维码，观看本书视频内容，获得更多亲子教养秘诀

图书在版编目（CIP）数据

我家孩子青春期 / 金韵蓉著. —— 北京：中国青年出版社，2021.4（2022.6重印）

ISBN 978-7-5153-6368-4

I. ①我… II. ①金… III. ①青少年教育－家庭教育 IV. ①G782

中国版本图书馆CIP数据核字（2021）第066516号

我家孩子青春期

作　　者：金韵蓉
责任编辑：吕娜
书籍设计：翟中华
出版发行：中国青年出版社
社　　址：北京市东城区东四十二条21号
网　　址：www.cyp.com.cn
经　　销：新华书店
印　　刷：三河市万龙印装有限公司
规　　格：787×1092mm　1/32
印　　张：8.25
字　　数：130千字
版　　次：2021年7月北京第1版
印　　次：2022年6月河北第2次印刷
定　　价：79.00元
如有印装质量问题，请凭购书发票与质检部联系调换
联系电话：010-65050585